U0076142

讓每天都順遂
的小習慣

365
祈願魔法書

布川愛子◎繪

楊家昌◎譯

將符合季節和日期的祈願魔法，
依照 365 天逐一列出來，
完成了這本「招來幸福事典」。

1月1日「把新年參拜的香油錢裝進紅包袋」

分布在四季的傳統活動是本書契機，讓我們可以回顧並檢視自己的日常生活。

4月3日「如果能抓住三片櫻花花瓣，就會迎來新戀情」

當你想向喜歡的人表達自己的心意時，可興奮雀躍地嘗試一些小魔法。

7月23日「在重要工作之前吃一份天重」

面臨重要的考試或簡報的日子時，小小的祈願魔法能幫助你從累積至今的努力中獲得一點勇氣。

11月9日「打開平時緊閉的窗戶」

只要養成日常生活中的小習慣，就能改善你的身心狀態。

365天裡，有晴天雨天、有和喜歡的人一起吃飯的幸福日子、有工作不順利的傷心日子、有令人難忘的日子，也有連午餐吃了什麼都忘光光的平凡日子。

認真說起來，普通的日子佔據著多數的日常。

但是，一天的「分界」對每個人來說都是平等的，即便昨天過得不順遂，我們依舊迎接著明日的早晨，開始全新的一天。

如果我們能積極、樂觀地迎接「分界」的話，那就更好了。

源於這樣的想法，我寫下這本書。

從很久以前的源氏物語時代一直延續至今的小魔法，還有法國和義大利

等世界各地流傳下來的傳說與迷信。

我精心挑選了能夠輕鬆完成的可愛祈願魔法，讓大家可以天天參考這本「招來幸福的事典」。

這些小小的祈願魔法，就是每天的護身符。

最重要的是，還證明了你想要變得更幸福的真實心情。

無論是今天、生日或是隨手翻閱的日期，你都可以任選一頁開始閱讀。

希望你打開這本書的日子會是美好的一天。

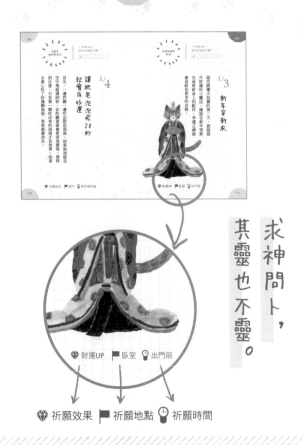

求神問卜,其靈也不靈。

♦ 財運UP　■ 臥室　🕐 出門前

♦ 祈願效果　■ 祈願地點　🕐 祈願時間

元旦的
小巧思

1/1
把新年參拜的香油錢裝進紅包袋

新的一年就從新年參拜開始。不要直接丟香油錢，包進紅包袋再丟入。「包」的動作是珍惜事物的一種表現，有助於提升財運。

◆ 財運UP　🚩 神社　🕐 新年

室町之雅
的小魔法

寫首和歌
讓初夢有好兆頭

1/2

這是一種能在初夢[1]夢見好兆頭的方法。在摺紙的背面寫下一首和歌[2]，折成寶船的形狀，睡覺時，放置在枕頭底下。和歌的內容為：「長夜伴浪破曉夢，夢曉破浪伴夜長。」順帶一提，反過來唸也是一樣的……。

---

1 初夢在日本文化中，指新年做的第一個夢，初夢的內容可以預測做夢的人未來一年的運勢。 2 和歌是日本的一種詩歌形式。

 祈願成功 🚩 臥室 💡 睡前

給喜歡購物
的你

• To Do List •
你今天完成了嗎？

☑ ☐ ☐ ☐ ☐ ☐

1/3

新年穿新衣

逛完跳樓大拍賣的第二天，就能提升財運的小魔法。據說在新年穿新衣或更新身上的配件，幸運之神就會送給你更多的衣服。

💎 財運UP 🚩 臥室 🕐 出門前

在新年
參拜後嘗試

• To Do List •
你今天完成了嗎？
☑ ☐ ☐ ☐ ☐ ☐

讓肥皂泡泡飛20秒 就會有好運

1/4

首先，一邊許願一邊吹出肥皂泡泡。如果泡泡能在空中飛超過20秒，你的願望就會更容易實現。要特別注意，只有第一顆吹出來的泡泡才有效果。如果太貪心吹了好幾顆泡泡，效果就會消失。

💎 祈願成功　🚩 室外　🕐 新年參拜後

邊喝咖啡
邊觀察的
迷信

方糖冒泡是好運的徵兆

1/5

在義大利，當方糖放進咖啡裡時，產生的氣泡聚集到杯子的中央，就是好運的象徵，如同日本的茶柱3。如果氣泡以甜甜圈狀散開，則代表可能會下雨。

3 茶柱，指茶葉梗在裝有茶的杯中立起來之現象，被視為會帶來好運。

 測運勢　🚩 咖啡廳　🕐 下午茶時間

冬季假期
和家人一起
測運勢

1/6

如果國王派裡出現
小瓷偶就走運了

這在法國是一種很普及的運勢測試。如
果你在切片的國王派裡，發現名為「la
fève」的小瓷偶，就代表你走運了。這是
一種可以得到大家祝福的祈願遊戲。

♦ 測運勢　🚩 餐桌　🕐 與家人一起吃飯時

難得的機會
嘗試自己動
手做料理吧

• To Do List •
你今天完成了嗎？

☑ ☐ ☐ ☐ ☐ ☐

$\frac{1}{7}$

剁碎七菜驅除厄運

1月7日是要吃七菜粥的日子。當天有一
個相傳已久驅除厄運的習俗，就是買七種
蔬菜，親手用菜刀剁碎。這是一種讓壞事
遠離新年的小魔法。

◈ 驅除厄運　🏳 廚房　🕐 烹飪時

新年的
第一個
新月

在新月之夜 預見未來的戀人

1/8

於新月之夜走到陽台上，看著月亮念出：「月娘，今晚請告訴我未來的男朋友會是誰。」當晚夢裡出現的人就會是你未來的戀人。

 ♦ 愛情占卜　🚩 陽台　💡 新月之夜

元旦開始
9 天內
要做的事

1/9

利用 9 天讓錢包記住金錢的形狀

在換新錢包後的 9 天內，盡可能多放入紙鈔。據說錢包會記住這個金額，持續維持相同的金額。接收比自己富有的人用過的錢包也很有效。

💎 財運UP　🚩 客廳　💡 購物後

和喜歡的人
一起

☑ ☐ ☐ ☐ ☐ ☐

1/10

一起看初雪

你聽說過韓國流傳的傳說嗎？「只要和喜歡的人一起看今年的第一場雪，兩人就能在一起。」是個令人忍不住想要相信的浪漫傳說呢。

 愛情運UP ▐ 室外任何地方 約會中

藏在發票裡
的吉兆

• To Do List •
你今天完成了嗎？

✓ ☐ ☐ ☐ ☐ ☐

1/11

在第一個純位數的
日子裡會有好運降臨

如果買完東西收到有「111」或「1111」
的發票時，不要丟掉，好好收在錢包裡。
據說看見時間呈現1的純位數[4]也會有好運
降臨哦。

4 純位數指由相同位元重複而組成的自然數。

♦ 開運 ▌ 商家 🕐 購物後

022

考試當天做的
祈願魔法

1/12

用培根和雞蛋擺出 100

大學入學考時，早餐是讓你考100分的關鍵。早上吃一片培根和兩顆荷包蛋吧，重點要讓擺盤看起來像是「100」！此祈願魔法也適用於任何考試喔！

💎 考運UP 🚩 廚房 🕐 早餐

喚醒記憶
的方法

• To Do List •
你今天完成了嗎？
☑ ☐ ☐ ☐ ☐ ☐

拉拉耳垂讓記憶力UP

1/13

用於準備考試的小魔法。在背誦的時候輕輕拉動耳垂，一邊念出聲一邊寫進筆記本裡。據說考試時，只要拉拉耳垂就能喚醒記憶。

 考運UP ▐ 教室 🕐 讀書時

把小小的
願望寫在
便利貼

• To Do List •
你今天完成了嗎？
☑ ☐ ☐ ☐ ☐ ☐ ☐

將願望便利貼放入錢包

1/14

早上起床後，拿一張便利貼，於正面和背面吹一口氣，用綠色的筆寫下你的小小心願，將它折疊放進錢包，帶著它度過這一天吧。如果你的願望成真，請將便利貼放入牛皮信封再丟掉。

💎 祈願成功　🏳 客廳　💡 出門前

吃了以後
一整年
無病無災

吃紅豆粥驅除邪氣

1/15

1月15日是俗稱的「小正月」。自古以來，日本人在這天有吃紅豆粥的習俗。聽說吃紅豆粥可以驅除邪氣，保護自己遠離疾病。

 驅除厄運　 餐桌　🕐 早餐

什麼日子
最適合
大改造呢？

• To Do List •
你今天完成了嗎？
✓ ☐ ☐ ☐ ☐ ☐ ☐

1/16 新月之日剪頭髮 驅除厄運

「剪頭髮」有著驅除厄運的效果。建議時間介於新月到滿月之間，越接近新月效果越好。果斷地剪短頭髮會帶來戲劇性的變化。

Hair cut!

 祈願成功　🚩 美髮店　🕐 剪髮時

飯糰的
三角形造型
蘊藏著秘密

吃飯糰接收神的力量

1/17

1月17日是日本的「飯糰日」。據說飯糰的起源是山的神化，把飯捏成山的形狀（神的形狀）來吃，就能得到神的力量。

◆ 開運　▌餐桌　🕐 早餐

工作中做的
腦部鍛鍊

• To Do List •
你今天完成了嗎？

☑ ☐ ☐ ☐ ☐ ☐

1/18

用非慣用手來操作滑鼠

只要一個簡單的小動作，就可以告別收假症候群；即「使用非慣用手」，喚醒昏昏沉沉的腦袋。工作時，利用非慣用手操作滑鼠非常有效。

 轉換心情效果　🚩 職場　💡 工作中

• To Do List •
你今天完成了嗎？

☑ ☐ ☐ ☐ ☐ ☐ ☐

1/19

用非慣用手刷牙

1月19日是日本的「口腔保健日」。為了因應這個節日，提供用日常習慣來吸引愛情的小魔法。用非慣用手拿牙刷，依年齡為刷牙次數。刷牙的期間請好好稱讚自己的優點吧。

◆ 愛情運UP　■ 盥洗室　🕐 刷牙期間

從江戶時代
流傳至今的
祈願魔法

1/20

來一杯喝的點滴——甘酒

1月20日是日本的「甘酒日」。甘酒含有豐富的營養，被譽為「喝的點滴」。過去，人們會在新年喝甘酒，祈求新的一年平安豐收。你也可以購買酒粕，嘗試自己動手做。

💎 健康運UP　🚩 餐桌　💡 晚餐後

通往結婚的
小捷徑

1/21

要在圍裙綁帶的背後繫上蝴蝶結

只是把圍裙的綁帶繫在背後，能離結婚更近一步嗎？即便一開始做得不好，隨著你的蝴蝶結繫得完美，也代表你的廚藝有所進步。「結」是自古以來流傳至今的小魔法。

♥ 愛情運UP　　🏳 廚房　　🕐 烹飪時

辛辣咖哩的
小魔法

用醬汁寫下戀人的名字

1/22

1月22日是日本的「咖哩日」。用醬汁[5]寫下心儀對象的名字（英文字母縮寫也可以），不攪拌直接吃，喜歡的人或許就會來和你搭話哦！在餐廳做的話會很羞恥，請在家裡進行吧。

5 部分日本人會在咖哩上額外淋上豬排醬或大阪燒醬調味。

 愛情運UP 餐桌 💡 晚餐

英國式
打噴嚏預兆

• To Do List •
你今天完成了嗎？
☑ ☐ ☐ ☐ ☐ ☐

1/23

每一天打噴嚏的含義都不一樣

（星期一）會發生危險的事；（星期二）會和陌生人接吻；（星期三）會收到信；（星期四）會發生好事；（星期五）會發生傷心的事；（星期六）星期日會和戀人發生一些事；（星期日）無。看來預兆也有公休日呢。

♦ 預兆　▐ 任何地方　💡 任何時間

吃完一整年
健健康康

吃比年齡多一顆的黑豆

1/24

準備比自己年齡多 1 顆的黑豆，在 1 月的星期二或星期四，二十四小時內全部吃完。關鍵在於吃黑豆的時候，務必要一邊想像自己健健康康、精神飽滿的樣子。

 健康運UP 🚩 餐桌 🕐 晚餐

美人都擁有
的好習慣

保持鏡面亮晶晶

1/25

1月25日是日本的「美容紀念日」。鏡子是掌管人緣魅力的物品，如果反射出自己的鏡子髒掉了，你的美感也會下降。想要變美，就要隨時保持鏡子亮晶晶。

出生年份
會帶來財運

1/26

珍惜出生年份發行的 5 円日幣

帶來財運亨通的小魔法。用洗髮精清洗兩枚在出生年份發行的 5 円日幣，晾乾後，以金色緞帶將兩枚硬幣綁在一起。只要隨身攜帶這兩枚硬幣就可以了。

💎 財運UP 🚩 自家 💡 任何時間

用手指
在衛生紙上
寫字

把工作上的失誤
一併沖到馬桶裡

1/27

讓社會人士的自己更為強大的祈願魔法。在工作不小心犯錯時，午餐前先去一趟廁所，在廁所隔間裡，用左手食指在衛生紙上寫下犯錯的日期和時間，再將衛生紙沖入馬桶，光是這樣心裡就暢快許多。

 驅除厄運 廁所 午休

今天是
知道戀愛運
的日子

水龍頭會掉下幾滴水？

1/28

1月28日是日本的「機緣巧合日」，會有意想不到的相遇和發現。早上洗完臉，關好水龍頭後，請稍等片刻。若沒有落下任何一滴水，代表能遇見很棒的人；若落下兩滴水，表示有人在想你。

♦ 愛情占卜　▌盥洗室　💡 早上起床後

為工作
帶來好心情
的音色♪

玄關掛上門鈴 可以驅魔避邪

1/29

立刻完成讓事業運上升的風水改造。於自家的玄關掛上門鈴，每次開關門都會發出清澈聲響，讓事業運UP。清脆的金屬聲響，能瞬間讓人心情變好。

💎 事業運UP 🚩 玄關 🕐 任何時間

助眠效果
預防感冒

• To Do List •
你今天完成了嗎？
☑ □ □ □ □ □ □

1/30

一邊賞月 一邊喝熱牛奶

適用於寒冷冬日的小魔法。晚上睡覺前，將一杯熱氣騰騰的牛奶捧在手心，看著月亮慢慢啜飲，就可以提升健康運。加入少量的糖或蜂蜜效果更佳。

◆ 健康運UP　▌客廳　🕐 睡前

想和戀人
和好時

佩戴閃閃發亮的物品

1/31

1月31日是日本的「愛妻日」。夫妻吵架後自我厭惡的日子裡，嘗試佩戴閃閃發亮的配件吧。讓外在的光芒和內心的光芒有所連結，這樣一來，由內而外的散發光芒。

 驅除厄運　▶ 臥室　 吵架後的隔天

February

和喜歡的人
關係更緊密

2/1

將紙放置在手機底下再睡覺

2月1日是日本的「氣味日」。準備一張藍色的紙和一支綠色的筆，寫下喜歡的對象的名字，再滴幾滴薰衣草精油。每天晚上把這張紙放置於手機底下再入睡，對方就會更常傳訊息或打電話給你。

 愛情運UP 臥室 🕐 睡前

用水嫩飽滿
的嘴唇迎接
兩情相悅

在護唇膏的前端畫愛心

2/2

2月2日是日本的「嘴唇日」。當你購入新的護唇膏時，立刻打開蓋子，用牙籤畫一顆心。如果愛心淡掉的話，再畫一顆新的，等到整支護唇膏都用完的時候，你就能和喜歡的人兩情相悅。

 愛情運UP　🚩 盥洗室　💡 化妝時

節分之日的
開運方法

• To Do List •
你今天完成了嗎？

☑ ☐ ☐ ☐ ☐ ☐

撒完豆子後順便打掃

2/3

在節分¹撒豆子的舉動，代表去除不必要的能量以便帶來全新好運。此外，據說打掃家裡的某個地方，就會為那個地方帶來新的運氣喔。

1 節分指季節的分際，日本有四個季節，因此一年有四個節分，包括立春、立夏、立秋以及立冬的前一天，不過僅會於二月三日舉行節分活動。

💎 開運　🚩 客廳　🕐 撒完豆子後

每天提升
健康運的
秘訣

洗過 的 碗盤 不要 放著 不管

2/4

隨手的小習慣就能改善風水。馬上將洗過的碗盤收到碗盤櫃，就能提升健康運。根據中國的五行思想，在代表「火」的瓦斯爐附近放瀝水架的話，會降低好運，所以要特別留意。

◆ 健康運UP　▐ 廚房　🕯 飯後收拾

親手做的話
會更好

春節吃餃子

2/5

2月5日是華人最大的節日「春節」。在中國，據說農曆新年期間吃掉如同古代錢幣「元寶」形狀的餃子，可以提升財運。

💎 財運UP　🚩 餐桌　🕐 晚餐

讓你的感情
一起冒泡

依名字的字數
按壓洗髮精

2/6

2月6日是日本的「洗澡日」。根據心儀對象名字的字數按壓洗髮精，一邊想著喜歡的人一邊洗著頭髮。每天持續做的話，你對他的感情會變得更深！

♥ 愛情運UP　🚩 浴室　🕐 洗澡時

准考證變成
護身符

將准考證放在鹽山上

2/7

和大家分享在大考期間可以用的小魔法。在日本，會把准考證放在用鹽堆起的小山上，直到考試當天早上。如此一來，所有的力量都會濃縮匯集到准考證上，緊張的時候，只要摸一摸准考證，就能讓心情平靜。

💎 考運UP　🚩 客廳　🕯 考試前

用番茄
提升考運

考試前一天
吃紅色食物

2/8

考試前一天的晚餐小魔法。首先，把番茄等紅色食物放入嘴裡，在心中默念著「明天考試一定馬到成功」。吃到最後一口再複述一次，考運就會大大提升！

💎 考運UP　🚩 餐桌　🕐 晚餐

提高專注力
的小魔法

2/9

悄悄脫掉
鞋子和襪子

考試當天的小魔法。先深呼吸三次，坐在椅子上挺直背部，再脫掉鞋子和襪子，雙腿併攏，維持這個姿勢約一分鐘，有助於提神醒腦。

 考運UP 教室 🕐 考試開始前

用雙關語
冷靜下來的
小魔法

右手寫 5 次「才」字

2/10

考卷發下來以後可以做的小魔法。用右手的食指在桌子上寫「才」字5次。「才」這個字代表人與生俱來的能力，而寫「5次」音近「合格」。[2]

---

2 寫「五次」的發音為「GOKAI」，「合格」的發音為「GOUKAKU」。

◆ 考運UP　　▌教室　　🕐 考試時

利用空檔
測試愛情運

• To Do List •
你今天完成了嗎？

☑ ☐ ☐ ☐ ☐ ☐

畫出愛心不斷筆芯

2/11

把自己和心儀對象的名字轉換成平假名 ³，再依字數按壓自動鉛筆的筆芯。如果能用長長的筆芯畫一顆愛心再塗滿，在這過程中沒有弄斷筆芯的話，就能和對方在一起了。

3 平假名是日語中表音文字的一種。

♦ 愛情占卜 ▐ 職場 ⏰ 小憩片刻

看不見的
地方也要
美美的

舊內衣會讓你遠離緣分

2/12

2月12日是日本的「胸罩日」。如果想改善戀愛運的話，就動手處理掉舊內衣吧。當內衣的鬆緊帶已經毫無彈性或是有破損，良緣也會離你越來越遠。

◈ 愛情運UP　▌臥室　🕐 任何時間

情人節前一天
提升愛情運

寫一封信給自己

2/13

想像一下你想從「那個他」收到何種信件。比方說，一封情書，然後變成「那個他」寫一封信給自己。雖然冷靜思考後，會感到難為情……但如果只是個小魔法，其實這樣也不錯。寫完之後，每天自己看一遍。

 愛情運UP　▌客廳　🕐任何時間

是告白成功
的護身符

▪ To Do List ▪
你今天完成了嗎？
☑ ☐ ☐ ☐ ☐ ☐

2/14

紅心A藏在口袋

出門之前，將撲克牌的紅心A放入口袋。告白前用手指輕輕撫摸口袋裡的卡片，你的告白或許就能深深地打動對方的心！

💎 愛情運UP　🚩 客廳　💡 告白的日子

給
告白成功的人

2/15

吃水蜜桃口味的糖果

抬頭仰望夜空，吃下水蜜桃口味的糖果，就能和那個他心有靈犀。吃完糖果後，念出：「我的願望，是和他建立深厚的羈絆。」

 愛情運UP 客廳 ⏰ 晚上

香香的氣味
讓願望成真

鼠尾草葉子放在枕頭下

2/16

鼠尾草是一種藥草，具有良好的藥用功效，自古以來一直作為小魔法使用。將願望寫在鼠尾草的葉子上，放於枕頭底下。據說，這片葉子若是出現在夢中，願望就會實現。

 祈願成功　🚩 臥室　🔆 睡前

輕鬆改善
失眠

聞聞柳橙和洋蔥的味道

2/17

身體很疲倦卻睡不著的時候，試著聞一聞柳橙和洋蔥的味道吧。只要將柳橙去皮，洋蔥用叉子叉著就可以了。據說兩者都有助於治療失眠。

 放鬆效果 廚房 ⏰ 睡前

香氣能減少
職場上的
失誤嗎？

檸檬香味提升工作效率

2/18

為此在同一家公司進行了實驗，有香味的職場與沒有香味的職場相比，發現前者犯錯的機率較低。其中，檸檬具有很高的鎮靜作用，可以提高工作效率。

💎 放鬆效果　🚩 職場　🕐 任何時間

黃色的花
會帶來財運

吃當季的 油菜花

2/19

油菜花屬於二十四節氣中「雨水」時期的當季植物。據說黃色的花具有招財效果。吃下當季的食材，充分獲得其中的力量。

💎 財運UP　🏷 餐桌　💡 晚餐

能實現你
所有的願望

• To Do List •
你今天完成了嗎？
☑ ☐ ☐ ☐ ☐ ☐

2/20 魚造型的配件 提升戀愛機會

魚是一種幸運的象徵，可以實現所有的願望。

據說佩戴珍珠製成的魚造型配件，能夠提高戀情成真的機會。似乎對雙魚座的人來說效果更好，不妨試試吧。

Fish motif accessory

💎 愛情運UP　🚩 臥室　🕐 出門前

富含身體
所需的營養

每天早上吃 2 顆柑橘

2/21

2顆中等大小的柑橘，可以提供成人一天所需的維生素C。除了促進皮膚新陳代謝和增強皮膚與黏膜組織等美容效果外，對恢復疲勞以及緩解壓力也很有效！

◆ 健康運UP　🚩 餐桌　🕐 早餐

貓咪之力
讓戀情成真

2/22

♡ CAT ♡

將手機的待機畫面換成貓咪

喵喵喵。2月22日是日本的「貓咪日」，借助貓咪之力吸引愛情吧。將待機畫面換成貓咪，想著喜歡的人的臉，默念三次「盧比烏斯·託伊拉斯」，就會提高接到電話的機率。

◆ 愛情運UP　🚩 臥室　🕯 晚上

也可以
遠遠瞻仰

請特休去看富士山

2/23

2月23日是日本的「富士山日」。富士山是一個強大的能量景點，只要看著就可以治癒人們的心靈。

據說無須近距離觀賞，僅是從遠處眺望，運氣就會變好。

◆ 開運　■ 看得見富士山的地方　 休假時

謝謝是最棒
的一句話

給身邊的人小小的驚喜

2/24

準備慰勞品或伴手禮送給同事，並附上寫有「謝謝你」的紙條。重視日常生活中的小驚喜，好運就會降臨。

我是
戀愛啦啦隊
隊長

送給好朋友手工小物

2/25

2月25日是日本的「手工藝日」。準備兩個別針，先綁上綠色緞帶，再分別繫上金色鈴鐺與銀色鈴鐺。據說將成品送給好朋友後，對方再將金色鈴鐺送給喜歡的人，戀情就會開花結果。

◆ 愛情運UP　▮ 客廳　🕐 休假時

換工作時的
小魔法

2/26

用水藍色的枕頭套找到自己想要的工作

用紅筆在水藍色的紙上寫下想換工作的原因，以及換工作後的理想狀態。睡覺時，再將紙張放置在水藍色的枕頭底下。持續十天後，每天隨身攜帶這張紙出門，就能實現你所期望的轉職。

💎 事業運UP　🚩 臥室　🕯 睡前

事業運的
關鍵都在腳

穿有鞋帶的鞋子 讓職涯步步高升

2/27

「鞋帶」是緣分的象徵。如果提升職業生涯是你的目標，請選擇翼紋雕花或綁帶牛津鞋。機會是靠雙腳走出來的。

💎 事業運UP　🚩 玄關　🕐 出門前

甜美可口的
愛情魔法

2/28

將餅乾融化在可可裡

2月28日是日本的「餅乾日」。首先，製作一杯可可，接著在餅乾裡加入香草精並搗碎。只要將餅乾碎片全部放入可可中，再趁熱喝光，就能擊退討厭的情敵。

 愛情運UP 🚩 廚房 💡 點心時間

March

3/1

一分鐘內融化完片狀巧克力

沿著片狀巧克力的凹槽切塊，準備和喜歡的人的名字字數一樣的數量。將巧克力放入口中等它融化，如果在1分鐘內全部融化的話，就證明對方也很在意你。

可以放進
包包

3/2

帶來邂逅的糖果

——金平糖

3月2日是日本的「邂逅日」。將色彩繽紛的金平糖放入包包隨身攜帶，就能有一段美好的邂逅。不妨到日式點心鋪走一趟，會發現很多可愛包裝的金平糖喔。

💎 愛情運UP　🚩 任何地方　💡 任何時間

愛情運
不是 7
而是 3

3/3

日用品要 3 個 3 個買

數字「3」是可以持續加強相遇緣分的幸運數字，讓家裡充滿和 3 有關的東西，就會提升愛情運。如果你正在尋找戀人的話，當購買食材或日用品的時候，數量以 3 或 3 的倍數為主。

◆ 愛情運UP　🚩 超市　📍 購物時

藍色是
聖母瑪利亞的
象徵

• To Do List •
你今天完成了嗎？
☑ ☐ ☐ ☐ ☐ ☐

用藍色絲巾襯托出成熟氣場

3/4

在基督教，藍色被視為感恩的顏色，深受人們的喜愛。用藍色絲巾為頸部增添色彩，彷彿被聖母瑪利亞的氣場所籠罩，給人留下成熟女性的印象。

♦ 魅力UP　🚩 臥室　💡 出門前

務實去華
運氣 UP

吃御手洗糰子

3/5

這是最適合春天散步的祈願魔法，買御手洗糰子享受點心時間。吃飽以後，抬頭仰望天空，說三遍「好開心」和「謝謝」。同時，請回想曾經幫助過自己的人。

 開運 公園 🕐 散步時

用當季鮮花
提升運氣

• To Do List •
你今天完成了嗎？
☑ ☐ ☐ ☐ ☐ ☐

將桃花朝南擺放

3/6

桃花，在二十四節氣「驚蟄」時期盛開。桃紅色在風水上被視為可以提升魅力的顏色。如果朝南擺放的話，效果更佳。一邊祈願一邊欣賞當季盛開的花卉，真是一石二鳥。

 魅力UP 自家的南側 🕐 休假時

看魚兒水中游
心情更放鬆

去水族館恢復活力

3/7

3月7日是日本的「魚之日」。魚是神聖的象徵。發現自己缺乏精力時，建議到水族館走走。看著魚兒游來游去，可以幫助你找回生活的動力和內心的平靜。

💎 轉換心情效果　 水族館　 休假時

會被告白的
小魔法

▪ To Do List ▪
你今天完成了嗎？

3/8

將一條黃色手帕
綁在窗邊

白色情人節之前能做的祈願。將黃色手帕綁在窗邊，睡覺前念五次「幸福的黃色手帕[1]」。早上起床後，把手帕收進桌子最上層的抽屜裡。持續七天，直到白色情人節當天。

1 源自日本電影《幸福的黃手帕》，原作為美國作家Pete Hamill的公路小說《Going Home》。

◆ 愛情運UP　🚩 臥室　💡 睡前

增加幸福的
方程式

3/9

比平時誇獎得更用心

謝謝——3月9日是日本的「感謝日」。今天用比平時更響亮的聲音，向關照我們的所有人說聲謝謝吧。如果朝遇見的人扔出快樂的球，就會獲得幸福加倍的回報。

💎 開運　🚩 職場　🕐 任何時間

希臘風格
的春藥
讓他著迷

在家約會就端出薄荷茶

3/10

3月10日是日本的「薄荷日」。據說在古希臘時期，女性們會將薄荷作為春藥使用。為來家裡做客的他端上一杯薄荷茶，清爽刺激的效果，會讓他的腦海裡滿滿都是妳。

💎 魅力UP 　🚩 客廳 　🕐 在家約會時

帶來好運的
義大利傳說

尋找彎曲的釘子

3/11

義大利流傳著一種迷信，認為撿到彎曲的釘子會帶來好運。據說享譽全球的歌劇男高音帕華洛帝，也會於演出之前在劇場裡尋找釘子。

💎 開運　🚩 路邊　🕐 通勤時

敲響鐘聲
尋找自我

去一個會有聲響的地方

3/12

新的季節即將到來。如果你是個不善於在自我介紹的場合表達的人，建議去樂器行或有鐘的寺院等有聲響的地方。據說聲音具有將「自己變得更像自己」的力量。

 魅力UP ▌寺院 ◉ 休假時

明天就會
被告白的
小魔法

用完成式來寫未來日記

3/13

為了新的一年買下的日記本，不要用來記錄「今天發生的事」，而是寫下「希望明天發生的事」。關鍵在於利用完成式，不要寫「將會被他告白」，直接寫「被他告白並開始交往」，效果會更好。

 祈願成功　 客廳　🕐 睡前

讓白色情人節
變成大吉

3/14

貼上背面寫著大吉的OK繃

可以獲得情人節回禮的小魔法。用粉紅色的筆在OK繃的紗布寫上「大吉」，再貼到自己喜歡的身體部位就可以了。說不定當天會發生一連串跟愛情有關的好事。

 愛情運UP ▌客廳 🕐 出門前

• To Do List •
你今天完成了嗎？

☑ ☐ ☐ ☐ ☐ ☐ ☐

修整眉間再畫眉毛

3/15

3月15日是日本的「眉毛日」。如果想要提升愛情運的話，將眉間修整出一定的距離吧。較寬的眉間可以展現包容力以及溫柔的個性，但形狀要維持一字型，強調意志的堅定和真誠。

愛情運UP　盥洗室　化妝時

一下子擺脫
無性煩惱

用肉桂水製作小魔法

3/16

在能看見月亮的地方，取一杯水倒入一小撮鹽，再浸泡自己的一根頭髮，接著加入肉桂，並念出：「醒來以後就會改變」。這是可以抓住對方心意的小魔法。

💎 魅力UP 　🏷 客廳 　🕐 睡前

從戀人
到結婚的
捷徑

將名字縮寫和愛心刻在庭院的樹上

3/17

帶男朋友回老家的時候，可以偷偷做的祈願魔法。

將兩人的名字縮寫和愛心刻在庭院的樹上，這棵樹就會守護著兩人，並幫助他們結婚。

◆ 愛情運UP ▮ 庭院 🕐 任何時間

緊張是可以
預防的

放鬆３大「腕」的方法

3/18

最近是歡送迎新會的時期。推薦給不擅長在別人面前演講的人，放鬆３大「腕」的方法。聲音顫抖就動動頸部（腕），手發抖就轉轉手腕，腳發抖就扭扭腳腕。這麼做的話，就可以緩解緊張。

 放鬆效果　🚩 居酒屋的座位　🕐 迎新歡送會

土耳其的
幸運傳說

3/19

夾在同名的人中間拍照

非常適用於有大量拍攝紀念照機會所做的祈願魔法。在土耳其，據說夾在同名的人中間拍照的話，就能實現願望喔。（例如，在歐馬爾和歐馬爾中間拍攝）

♦ 祈願成功　▐ 任何地方　💡 迎新歡送會

占卜今天的
約會運勢

3/20

煎荷包蛋讓蛋黃
停在正中間

約會當天用平底鍋煎顆荷包蛋吧。一邊想著對方的臉一邊打雞蛋，如果蛋黃剛好停留在蛋白中間的話，代表絕佳運勢。幸運女神在對你微笑。

♦ 愛情占卜　▶ 廚房　🕐 早餐

運氣的
總和

吃超幸運食物牡丹餅

3/21

3月21日是「春分之日」。當天吃以春天盛開的牡丹命名的牡丹餅吧。紅豆可以驅邪，黃豆粉可以提升財運，而糯米也是帶來好運的幸運食品。

♦ 開運　▌餐桌　🕒 點心時間

你有帶著
面紙嗎？

• To Do List •
你今天完成了嗎？

☑ ☐ ☐ ☐ ☐ ☐

隨身攜帶 粉 紅色 的 面紙

3/22

據說每天隨身攜帶的面紙也有區分好運和壞運。粉紅色的面紙會帶來幸運，藍色的面紙會帶來不幸。

檢查一下自己的包包吧。

💎 開運　🚩 任何地方　🕐 出門前

讓照片
拍起來更好看
的方法

凝視著鏡頭深處

3/23

輕輕鬆鬆拍出美照的小魔法。請盯著鏡頭，彷彿要看進鏡頭後面攝影師的眼睛裡，在心裡默念自己的名字。拍出來的照片就會像女演員一樣美！

 魅力UP ▌任何地方 🕐 拍照時

適用於
花粉症的
小魔法

3/24

一句話擺脫噴嚏的邪氣

花粉症季節已經到來。在英語國家，人們會對打噴嚏的人說「Bless you!（上帝保佑你）」；在法國，人們會說「À tes souhaits!（心想事成）」；在沖繩，人們會說「Kusuke」。

♦ 健康運UP ▌任何地方 ♀ 打噴嚏後

畢業典禮
告白成功率
UP

3/25

用指甲油在小腳趾甲上寫名字縮寫

可以在畢業季、畢業典禮前一天做好準備的祈願魔法。在雙腳的小拇指甲上塗上紅色指甲油。再使用白色指甲油，於右腳寫下自己的名字縮寫，於左腳寫下對方的名字縮寫。

♦ 愛情運UP　🚩 客廳　🕐 睡前

離別是友誼
的開始

在 ∞ 的圈圈裡寫名字

3/26

用綠色的筆在紙上寫下無限大（∞）的符號後，在圈圈裡分別寫下自己和朋友的名字。互相為對方寫一張，再從彼此的右手傳到左手。這是一個讓友誼長存的護身符。

💎 友情UP 🚩 教室 💡 畢業典禮後

看完
劇場表演後的
開運方法

給予熱烈的掌聲

3/27

3月27日是「世界戲劇日」。在演唱會或慶祝活動中給予熱烈的掌聲是會獲得好運的。掌聲中響起的祝福浪潮，會輾轉回到自己身上。

💎 開運　🚩 劇場　💡 觀劇後

讓人想
模仿的
可愛小魔法

許下願望，吹走絨毛

3/28

春天即將到來。在愛爾蘭，蒲公英被視為可以實現願望的花。只要在腦海裡想著自己的願望，再一口氣吹散絨毛的話，願望就會開花結果。

◆ 祈願成功　🚩 路邊、公園　🕐 散步時

在歐洲是
驅除自然災害
的象徵

帶來好運的翅膀
——燕子胸針

3/29

燕子、鴿子和以雞為造型的風向儀，在歐洲都是宣告春天到來的信使。三者都擁有驅邪、帶來好運的翅膀。因此，別上以其為圖案的胸針，可以作為趨吉避凶的護身符。

 驅除厄運　 臥室　🕐 出門前

就職禮物就選鈕扣吧

3/30

鈕扣的功用，在於將兩個獨立的東西連結在一起，因此，可以提升事業運。如果被問到想要什麼就職禮物時，就回答漂亮的鈕扣吧。收到的鈕扣放進包包裡隨身攜帶。

Button

◆ 事業運UP　▌ 任何地方　🕐 任何時間

苦苦的食材
會讓
財運 UP

吃野菜蕎麥麵

3/31

3月31日是日本的「野菜日」。因為野菜、竹筍、茼蒿等帶有苦味的食材，具有淨化「金」氣的功能，可以多吃一點。抹茶甜點也有提升財運的效果！

💎 財運UP　　🚩 蕎麥麵店　　🕐 午餐

April

4

謊言成真的
小魔法

在愚人節對著鏡子說他壞話

4/1

這是只有在愚人節才能使用的特殊小魔法。當天上午朝著鏡子說出單戀對象的壞話吧。只有今天是允許撒謊的，鏡子反彈回來的壞話都會帶來好運。

◆ 愛情運UP　🚩 盥洗室　💡 出門前

新生活從
新鞋開始

高跟鞋吸引貴人
來幫助自己

4/2

迎向新生活。當你想在4月擁有好的開始時，穿上新鞋會讓你的運氣UP。尤其是女性，只要穿上高跟鞋，周遭自然而然會聚集強而有力的幫手，事業運和愛情運也會跟著提升。

💎 事業運UP　🚩 玄關　🕐 出門前

賞花時的
祈願魔法

抓住 3 片櫻花花瓣！

4/3

今年你想和誰一起看櫻花呢？如果你能在屏住呼吸的同時，抓住３片從樹上飄下來的花瓣，代表有機會在一年內墜入愛河。

💠 愛情運UP　🚩 櫻花樹下　🕐 賞花時

享受安靜的
賞花時光

了解緣由再賞花

4/4

櫻花盛開是神明降臨的象徵。將酒灑在樹根進行淨化，祈求庇佑並與神明一同用餐，就是賞花的由來。偶爾想起這個故事，靜靜地賞花也不錯。

♦ 開運　▌公園、河堤畔　🕐 賞花時

春天到了
就要吃鰹魚

用初鰹搭配迎新會的啤酒

4/5

這是第一批「初鰹[1]」的時期。許多人會將鰹魚乾作為婚禮小物贈送。正如俗話說：「望眼是青葉，山中杜鵑啼，鰹魚綻初香[2]。」在春天吃鰹魚對健康有益。

---

1 第一批洄游的鰹魚。 2 代表眼睛看見綠葉、耳朵聽見杜鵑啼叫、吃到鰹魚的美味，用視覺、聽覺、味覺感受夏天。

 健康運UP　 居酒屋　🕐 迎新會

為什麼古城都
建在高處呢？

參觀古城，提升自我

4/6

4月6日是日本的「城之日」。位於高處的古城是一個具有運氣的地方，有助於將自己提升到更高的層次。旅行的時候，如果附近剛好有古城，不妨就去看看吧。

♦ 開運　🚩 城　🕐 旅行時

可以在賞花後
做的小魔法

將櫻花花瓣裝進玻璃罐中

4/7

盛開的花季轉瞬即逝。撿20至30片花瓣。只要將花瓣裝進玻璃罐，再放在自己的房間裡，自然而然就能和喜歡的人相處融洽。

💎 愛情運UP　🚩 臥室　💡 賞花後

■ To Do List ■
你今天完成了嗎？

☑ ☐ ☐ ☐ ☐ ☐ ☐

去寺廟喝甘茶

4/8

農曆4月8日是釋迦牟尼佛的生日。在寺廟裡，誕生佛會被放置在裝飾著鮮花的佛殿裡，信眾舀甘茶淋浴佛身來慶祝。甘茶源於釋迦牟尼佛的產湯，3 據說喝了就不會生病。

3 產湯指給剛出生的嬰兒洗澡的水。而釋迦牟尼佛誕生時，天上歡喜之餘普降甘露之雨，也被稱為產湯。因此，釋迦牟尼佛的生日時，會以甘茶沐浴比作降下甘露之雨。

◆ 健康運UP　▌寺廟　◷ 休假時

比平時更周到
的禮物

錢放入錢包再送出去

4/9

現在是就職和入學的季節。選擇錢包作為賀禮時，最好在夾層裡放一些錢再送出。這個習俗是希望對方永遠不會為錢所困。

 財運UP　 任何地方　 送禮時

• To Do List •
你今天完成了嗎？
☑ ☐ ☐ ☐ ☐ ☐

瓢蟲停在身上是幸運的

4/10

現在是散步很舒適的時期。在英國，據說瓢蟲停在你身上時，幸福就會到來。在其他國家也流傳著幸運的傳說，像是「瓢蟲起飛的時候，會把你的疾病和煩惱一起帶走」。

◆ 開運　▌花田　🕐 散步時

增添花朵圖案
帶來的運氣

4/11 春天來臨時 改造房間

在風水上，春天帶有「木」之氣，可以提升成長運、事業運、人際關係等等。如果想更進一步提升運氣，就將花朵圖案融入室內裝飾裡，這也是更換新家中布料的好時機。

💎 開運　🚩 自家任何地方　💡 改變房間擺設

麵包愛好者
該注意的
小魔法

吐司邊從右邊，白色部分從左邊

4/12

4月12日是日本的「麵包日」。這一天，吐司邊就從右邊開始吃，白色部分則從左邊開始吃。光是這麼做，就會有美好的邂逅等著你，讓人天天都想吃吐司。

♦ 愛情運UP　▶ 餐桌　🕐 早餐

與人流暢交談
的小魔法

4/13

只要伸直小指，就算初次見面也沒關係

這是一個充滿新邂逅的季節。與第一次見面的人交談時，只要伸直左手的小指頭，就能心靈相通。想要更積極的時候，一起伸直食指會更有效。

💎 放鬆效果　🚩 任何地方　🕐 自我介紹時

偷偷地做
不要被看見

4/14

面對不喜歡的人
可以用左手比 V 字克服

和不喜歡的人說話時，用左手比 V 字，談起話來心情會更輕鬆一點。但要小心不要被對方看見了。

 放鬆效果　▌任何地方　🕐 商談、問候

不要漏看
命運的徵兆

拉鏈壞掉是邂逅的預兆

4/15

據說包包或錢包的拉鍊壞掉是命運邂逅的預兆。如果繼續使用的話，命運就會離你遠去，還是盡快買新的吧。

💎 愛情運UP　🚩 任何地方　⏰ 任何時間

用甜甜的
濃縮咖啡
來祈願

加進和名字字數一樣多的砂糖

4/16

4月16日是日本的「濃縮咖啡日」。在用心沖泡的咖啡裡，加入與心儀對象的名字字數一樣多的砂糖，一邊念著他的名字一邊攪拌均勻，然後一口氣喝完。這是一種讓心意相通的祈願魔法。

♥ 愛情運UP　▸ 客廳　💡 休息時間

可以養成
通勤時的習慣

當你找到一座橋時，
屏住呼吸許願

4/17

在歐洲流傳著一種迷信，找到一座橋時，請屏住呼吸在心裡許願，戀情就會開花結果。或許，這個心願是包含著希望能建立起對方與自己之間的橋樑。

♦ 愛情運UP　🚩 有橋的地方　🕐 任何時間

定期檢查牙齒
讓財運 UP

• To Do List •
你今天完成了嗎？
☑ ☐ ☐ ☐ ☐ ☐

再麻煩也要
好好去看牙醫

4/18

tooth tooth

4月18日是日本的「好牙齒日」。有錢人的好習慣之一就是定期檢查牙齒。就風水來說，人們也認為牙齒狀態良好，是可以提升財運的，有蛀牙的人則財運不佳。

♦ 財運UP　🚩 牙醫　🕐 下班後

笑容是
最好的武器

• To Do List •
你今天完成了嗎？
✓ ☐ ☐ ☐ ☐ ☐

4/19

對著有∞記號的鏡子練習微笑

在平時使用的鏡子左下角畫一個無限大（∞）的記號。每天都用這面鏡子練習微笑的話，笑容會越來越自然，朋友運也會ＵＰ。請不要害羞！

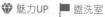 魅力UP 盥洗室 🕐 出門前

吃當季食物
的理由

4/20

吃艾草麻糬驅除邪氣

這時候是二十四節氣的「穀雨」。在江戶時代，人們會採摘艾草的嫩葉來製作艾草麻糬。艾草是具有「驅邪淨生」的吉利食材。

◆ 驅除厄運　▌客廳　🕐 點心時間

色彩繽紛的兔子會帶來好運

在水煮蛋的蛋殼畫上兔子

4/21

4月21日是復活節前夕。用筆在水煮蛋的蛋殼上畫兔子，粉紅色代表愛情運；橘色代表改善人際關係；藍色代表事業運。睡覺時，把水煮蛋放在枕頭旁邊，隔天早上再慢慢吃掉，願望就會實現。

 祈願成功　 臥室　🕐 睡前

大口吞下
不好的預感

4/22

吃大福讓心情愉悅

當你有種不好的預感時，就吃一顆大福
吧。吃完心情就會立刻愉悅起來。不僅如
此，還會發生提升財運的事，足以取代糟
糕的事。

♦ 開運　🚩 客廳　🕐 點心時間

使用字典的
愛情魔法

4/23

將紙夾在英文字典裡

4月23日是「聖喬治日」。在西班牙，這是送書給親近對象的日子。送一本施過小魔法的字典如何呢？用藍筆在紙上畫一把情人傘，寫下兩個人的名字。再把紙張夾在英日字典的「LOVE」那一頁，就有機會兩情相悅。

♥ 愛情運UP　🚩 客廳　🕐 任何時間

金屬名片夾
NG

使用皮製的名片夾

4/24

是不是到了更換名片夾的時候呢？交換名片時，會將對方的名片放在名片夾上，也可以視為名片的坐墊。留意不要選擇金屬製，要選擇皮革製。關鍵在於要小心對待對方。

初次見面，你好！

＼はじめまして／

請多多關照喵！

よろしくおねがい
しにゃす。

 開運　🚩 集合地點　🕐 商談、問候

讓鬱悶
通通飛走

伸展身體擺出萬歲姿勢

4/25

擺出「萬歲」的姿勢，能夠瞬間將鬱悶的心情拋到腦後？原理很簡單，當身體和臉部都朝上的時候，大腦會自己判斷「現在很開心」，就能真的感到快樂。

 轉換心情效果　 任何地方　任何時間

打電話和
傳訊息
會更開心

4/26

使用天然材料製成的手機殼

一整天接觸最久的東西，就屬手機了。因此，更換新手機殼時，挑選用木材或皮革等天然材料製成的吧。如此以來，你可以感受到觸摸時的溫暖，並帶來溝通交流的機會。

💎 開運　🚩 商家　🕐 更換時

想在職場
實施的規則

疲勞的原因可能是日光燈

4/27

發現自己漸漸感到疲勞的時候，原因可能出在日光燈。其實在光線下，放電引起的閃爍每秒高達一百次以上，而這種閃爍就是壓力的來源。因此，想提神醒腦的時候，就關掉日光燈吧。

💎 轉換心情效果　🚩 職場　🕐 小憩片刻

你是否老是
久坐不動呢？

4/28

抬頭邁開步伐

如同坂本九[4]的名曲的歌名，光是抬頭就能提振心情，工作效率也會提升。在美國進行的一項實驗中就發現，「邁開大步」有效增加滿足感。

---

4 日本著名歌手、演員，其代表作《昂首向前走》（上を向いて歩こう）至今廣為流傳。

 轉換心情效果　🚩 職場　🕐 小憩片刻

黃金週
開始了

• To Do List •
你今天完成了嗎？

☑ ☐ ☐ ☐ ☐ ☐

4/29

和肉桂一起計畫旅行

期盼已久的黃金週[5]！建議可以一邊享受含有肉桂的甜食一邊計畫你的假期，還能提升自己的旅遊運。不妨制定出一個充滿快樂事物的行程表。

---

5 日本的黃金週一般從每年4月29日開始，連續放假至5月5日結束。

 旅遊運UP　 咖啡廳　🕐 休假時

3月～5月
是趕海旺季

☑ ☐ ☐ ☐ ☐ ☐

用趕海淨化自己

4/30

3～5月是一年中潮汐起伏最大的時期。每年沙灘上都擠滿了尋找蛤蜊的人。這個活動起源於「岸邊遊玩」，在過去具有淨化身體的意義。

💎 驅除厄運　🚩 沙灘　💡 休假時

淨化，讓自己與生活更美好。

May

5

法國祈願
幸福的風俗

把鈴蘭送給心愛的人

5/1

5月1日這天，法國街頭到處都有人在販賣鈴蘭。

據說當天收到花的人都會獲得幸福，難怪大家會買來送給家人和戀人。這是一個很棒的習俗，送禮和收禮的人都會很高興。下班回家的路上，去一趟花店吧。

◆ 開運　▮ 花店　🕐 下班後

綠茶可以
驅除不舒服

5/2

八十八夜喝新茶

歌名《接近夏天的八十八夜》[1]是指立春後的第88天，也就是5月初新茶[1]的季節。綠茶是可以驅散不舒服、不愉快的情緒，讓事情有所進展的飲品。如果是緣起物[2]，新茶的話，更能提升運氣。

1 新茶指每年第一批摘下的嫩芽所製成的茶葉。　2 緣起物在日本文化中代表能帶來好運的吉祥物。

 開運　🚩 客廳　🕘 晚上

把壓力通通
清理乾淨

大聲喊叫清淨心靈

5/3

5月3日是日本的「清掃日」。根據腦科學的研究，人類感到恐懼時，體內會分泌大量的腎上腺素，而後大腦中就會釋放帶來快感的嗎啡。因此，只要在遊樂園或鬼屋大聲喊叫之後，身心靈都會感受舒暢。

🍀轉換心情效果　📕遊樂園　💡休假時

154

讓明天是
好天氣的
小魔法

5/4

在窗邊擺上日本酒

有點像是晴天娃娃的祈願魔法。出門前一天晚上，在酒杯裡倒入日本酒，擺在家中南側的窗邊。接著仰望夜空時，雙手合十祈禱，隔天有很高的機率會放晴。別忘了把前往的目的地寫在紙上，墊在酒杯底下。

♦ 旅遊運UP　🚩 自家任何地方　🕐 旅行前一天

用飲食來
祈求孩子
健康成長

端午節吃竹筍

5/5

農曆5月5日是「端午節」。當天吃的食物被視為成長的證明，所以山地蔬菜特別受歡迎。其中，竹筍不僅像穿透天空一樣筆直生長，也成長得很迅速，是不可或缺的吉利食材。

 健康運UP　 餐桌　晚餐

給害怕
搭飛機的人

搭飛機前觸摸大樹

5/6

將義大利流傳下來的小魔法推薦給害怕空中飛行的人。搭乘飛機之前，你可以觸摸大樹或綠蔭茂密的樹木來祈求安全，或是觸摸觀葉植物也可以。

🔸 旅遊運UP　🚩 機場　🕐 起飛前

在工作繁重
的日子

向東走

5/7

每年此刻都會擔心收假後得5月病[3]。對通勤感到厭煩的人，就先往東邊的方向走吧。當陽光進入身體，心情也會得到重置的機會。

3 是指日本黃金週連休後的出勤倦怠。

 轉換心情效果　🚩 路邊　 通勤時

■ To Do List ■
你今天完成了嗎？

☑ ☐ ☐ ☐ ☐ ☐ ☐

裝飾太陽的畫或照片

5/8

如果最近老是覺得沒有幹勁，嘗試把太陽的力量帶入客廳。從字面上來看，「陽」的能量能使我們變得更正向積極。特別推薦，請擺放朝陽升起的畫或是照片。

♦ 轉換心情效果　▌客廳　🕐 任何時間

指甲的顏色
會改變運氣

• To Do List •
你今天完成了嗎？
✓ ☐ ☐ ☐ ☐ ☐

根據想要提升的運氣
為指甲分別上色

5/9

5月9日是日本的「美妝日」。指甲是吸引各種邂逅的重要部位。粉紅色搭配白色指甲會帶來愛情運；白色或米色指甲會帶來財運；淡藍色或祖母綠指甲則可以提升事業運。

 開運　 客廳　🕐 化妝時

161

被鳥兒的
歌聲治癒

• To Do List •
你今天完成了嗎？
☑ ☐ ☐ ☐ ☐ ☐

聽春天的鳥鳴

5/10

5月10日到16日是日本的「愛鳥週」，也是各種鳥類養育雛鳥的季節。若仔細聆聽，會聽見報春的樹鶯和日菲繡眼；街頭上也能看見遷徙的燕子。適合好好感受四季更迭，開創新機運。

 開運　📖 街上任何地方　🕐 通勤時

如何辨別
吉利滿分
的店家

• To Do List •
你今天完成了嗎？

☑ ☐ ☐ ☐ ☐ ☐ ☐

5/11

到有燕子築巢的店家用餐

據說燕子築巢的地方人流多、方位也好，所以會繁榮興旺。試著到如此吉利的店家用餐，沾染一些好運氣。

 開運　🚩 餐飲店　🕐 午餐

蝴蝶和蜻蜓
有不同的
含義

• To Do List •
你今天完成了嗎？
☑ ☐ ☐ ☐ ☐ ☐

5/12

蝴蝶或蜻蜓停在身邊
是幸運的象徵

蝴蝶會輕飄飄地上升，被視為開運的象徵。而蜻蜓代表只進不退的象徵，深受戰國武將的喜愛。當牠們飛到你的身邊時，表示你的運勢會跟著提升喔。

❖ 開運　▶ 街上任何地方　💡 任何時間

從消極思考
畢業

5/13

用橡皮筋的反彈製造疼痛感

這是給容易產生負面想法的你的小魔法。當你感到沮喪時，可以拉長手腕上的橡皮筋再鬆開，讓手臂感受到輕微的疼痛。這樣的刺激有助於更客觀地看待自己。

◆ 轉換心情效果　🚩 任何地方　🕐 沮喪時

想擺一支
在桌上

劍玉最適合
用來轉換心情

5/14

5月14日是日本的「劍玉日」。玩劍玉時，必須要非常專注在球上，所以能擺脫雜念以及不好的情緒。因此，無法專注於手邊的工作時，動手玩玩劍玉讓頭腦和心靈都清醒過來。

♦ 轉換心情效果　▉ 職場　🕐 小憩片刻

以理想體型
為目標

踮腳尖上樓梯

5/15

夏天到來，也是開始在意體態的時候了。每天做一點運動，好好朝著理想身材努力吧。只要踮起腳尖爬樓梯，以每三階為單位，數著「一、二、三」就可以了。

💎 魅力UP　🚩 職場　🕐 通勤時

在充滿
自然氣息的
旅途中

把耳朵貼在巨木上聽水聲

5/16

5月16日是日本的「旅行日」，最適合去見一棵巨大的樹了。不是只有在日本，歐美國家也認為精靈居住於巨木中。不妨把耳朵貼在巨木上，甚至能聽見樹木在吸收水分的聲音。試著在旅途中聆聽這種神祕的聲音吧。

◆ 開運　▶ 山　⏰ 旅行時

會受到
年長者和前輩
的疼愛

5/17

佩戴銀色物品

這時候來建立全新的上下級關係吧。如果想得到年長者和前輩的關愛或認可，請佩戴手錶等銀色配件，向大家展現自己認真做事的形象。

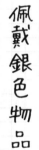

Silver

💎 魅力UP　🚩 職場　🕐 任何時間

會受到年紀
小的同事和
晚輩仰慕

5/18

佩戴綠色物品

相反地，若想被晚輩仰慕，請選擇佩戴綠色配件。綠色予人一種親切友好且容易交談的印象。推薦選用綠色的領帶、絲巾或包包。

 魅力UP ▬ 職場 🕐 任何時間

工欲善其事
必先利其器

5/19

化妝工具要亮晶晶的

任何東西都有「氣」，透過觸碰，就會進入到身體裡。因此，塗抹粉底的海綿和粉撲用過一次就要清洗乾淨。對於只要碰到輕微的邪氣就會很敏感的人，可以透過清潔迅速地迴避。

💎 開運　🚩 盥洗室　🕐 化妝後

紅色是一種
活力充沛的
顏色

穿上紅色內衣褲獲得能量

5/20

紅色具有熱情的能量，因此，日本有六十大壽贈送紅色羽織 4 的習俗。同樣適用於年輕人提升戀愛以及工作的運勢。當你想要積極行動時，穿上紅色內衣褲是不錯的選擇。

4 羽織是一種長及臀部的日本和服外套，穿在小袖之上，一般用於防寒和禮裝。

◆ 開運　▶ 臥室　🕐 出門前

緩解長痘痘
的憂鬱

依痘痘的位置判斷戀愛關係

5/21

5月21日是日本的「痘痘日」，要不要試試看「痘痘占卜」呢？根據臉上的痘痘來預測愛情運勢。長在額頭表示你想對方；長在下巴表示對方想你；長在左臉表示你甩對方；長在右臉表示被對方甩。沒想到令人鬱悶的痘痘具有正面含義，心情也會變得比較輕鬆吧。

♦ 愛情占卜　🚩 盥洗室　🕐 化妝前

男友來過夜
的隔天早餐

5/22

用水煮蛋預防出軌

5月22日是日本的「水煮蛋料理日」。在此提供一個防止另一半出軌的祈願魔法。將水煮蛋剝殼後，在蛋上用番茄醬寫下對方名字的第一個字母，然後一口吃掉，他就會被你迷得神魂顛倒了。

♥ Nekotaro ♥

♥ 愛情運UP　▐ 餐桌　🕐 早餐

174

也許美夢
會成真

• To Do List •
你今天完成了嗎？
☑ ☐ ☐ ☐ ☐ ☐

5/23

交換吸管發展到
第一次接吻

5月23日是日本的「接吻日」。對於今天渴望順利跟對方交換吸管。然後一邊使用吸管，一邊在心裡默念「我想和他第一次接吻」。

 餐廳 晚餐

愛情占卜

電腦旁的
擺飾

5/24

紅鳥讓你
靈光一閃

「唉，一點靈感都沒有！」想要一點嶄新的創意時，在工作桌的附近放置一個紅色小鳥的擺飾吧，或許靈感就會從天而降。

 事業運UP　🚩 職場　🕯 碰到瓶頸的時候

愛情的
幸運布丁

讓願望成真的布丁吃法

5/25

5月25日是日本的「布丁日」。吃布丁時，先從中間開始吃，一路挖到底。接下來，舀起底部的焦糖，順時針淋在布丁上。並在心裡許願交往、結婚等循序漸進的發展，最後全部吃光就可以了。

 祈願成功　🚩 餐桌　🕐 點心時間

快樂的
人際關係
從這裡開始

佩戴粉紅色的物品

5/26

為了在夏天能與對方相遇。我們的潛意識被植入粉紅色代表溫柔和女性化的印象，所以佩戴粉紅色的配件能給人留下柔和文靜的第一印象。

PINK

💎 愛情運UP ▮ 臥室 🕐 出門前

用優雅的
和歌讓戀情
成真

5/27 寫上百人一首 在他的照片背面

5月27日是日本的「百人一首5日」。準備一張單戀對象的照片，在照片背面的白底用全新的黑色原子筆寫上和歌：「陸奧忍草衣，紋凌亂兮吾心亂，豈獨吾之故6」，或許戀情就能開花結果。

5 百人一首通常指《小倉百人一首》。現在也會多指印有百人一首和歌的紙牌，或是用這種紙牌來玩耍的歌牌遊戲。 6 該和歌表達因為暗戀對象的關係，自己的心就像陸奧花布的亂紋一樣凌亂。

♥ 愛情運UP　🚩 客廳　💡 任何時間

讓心
更加柔和

跟娃娃說話

5/28

娃娃的毛絨絨觸感不僅能舒緩你的心情，也有助於解放被框架束縛的自己。把今天所發生開心或不開心的事情都告訴它吧。

♦ 放鬆效果　🚩 臥室　🕐 睡前

滿足你的胃和運氣

5/29

用羅勒化解人際關係

5月29日是日本的「民族日」。羅勒是帶來財運和工作運的幸運藥草，推薦料理有打拋豬肉飯或青醬義大利麵。當人際關係陷入困境時，午餐就來點羅勒吧。

 事業運UP　 餐廳　 午餐

想去遠方

悠閒地欣賞鄉村風景

5/30

在插秧的季節到鄉下走走。土地裡被種植著人所食用的農作物，可以為正在苦惱的人們帶來巨大的力量。尤其稻田孕育著人們的主食，所以力量會更加強大。

💎 開運　🚩 稻田　💡 休假時

德國流傳的
喜事預兆

右手手心發癢
代表財運上升

5/31

在德國，據說右手手心發癢，代表會有錢財入帳。

關鍵為無論多癢，也要耐心等到不癢為止。加油！

◈ 財運UP ▪ 任何地方 ◷ 任何時間

稻田是充滿能量的地方，
去遠方走走吧！

June

久違地
買來吃吧

6/1

把討厭的事吹進口香糖泡泡

6月1日是日本的「口香糖日」。當天吹泡泡時，想像一下，把傷心和不愉快的事都吹入泡泡。再用衛生紙包好，用力扔進垃圾桶裡，心裡的煩躁也會暢快許多！

◆ 轉換心情效果　▌任何地方　🕐 任何時間

喚醒女人味
的方法

將玫瑰的香氣塗抹在丹田上

6/2

6月2日是日本的「玫瑰日」。工作疲累時，可以把玫瑰的香氣沾在丹田（肚臍下方四指幅寬處），喚醒女人味。建議在睡前塗抹。

◆ 轉換心情效果　🚩 臥室　🕐 睡前

3個月內
可能會有
好事發生♡

☑ ☐ ☐ ☐ ☐ ☐

6/3

交疊大拇趾等候求婚

6月第1個星期日是日本的「求婚日」。在此提供從今天開始做的祈願魔法。每天晚上，在浴缸裡伸直雙腿，交疊左腳和右腳的大拇趾互相搓揉，一邊閉上眼睛，一邊在心裡念七遍「○○○，我在等你的求婚。」

💎 愛情運UP　🚩 浴室　🕐 洗澡時

讓人嚇一跳
的魔法

將吉丁蟲放進衣櫥

6/4

6月4日是日本的「昆蟲日」。你討厭昆蟲嗎？吉丁蟲被視為吉祥的昆蟲，據說放在錢包裡，錢會增加；放在衣櫥裡，衣服會增加。

💎 財運UP　🚩 臥室　🕐 打掃後

• To Do List •
你今天完成了嗎？

☑ ☐ ☐ ☐ ☐ ☐

和喜歡的人一起看螢火蟲

6/5

螢火蟲是初夏的象徵，自古以來被作為愛情歌曲，出現在《源氏物語 1》等作品中。螢火蟲的美麗與虛幻讓世人深深著迷，其有限時間的虛幻無常讓愛意更加高漲。

---

1 《源氏物語》是日本女作家紫式部的長篇小説，也是世界上最早的長篇寫實小説，代表日本古典文學的高峰。

 愛情運UP　🚩 有螢火蟲的地方　🕐 晚上

• To Do List •
你今天完成了嗎？
☑ ☐ ☐ ☐ ☐ ☐

6/6

手帕、雨傘和巧克力帶來邂逅

雨季專用三件組。在英國，據說帶著一塊大手帕、一把簡約的傘和巧克力三樣東西出門，就會有新的邂逅。建議攜帶素色或流線型花紋的雨傘。

 愛情運UP　🚩 任何地方　🕐 下雨天

將冬裝換成夏裝

6/7

到了該把夏裝拿出來的換季時間。源於平安時代的宮廷活動，到明治時代以後才固定在6月。衣服換季讓心情也煥然一新。這時請留意，冬裝要晾在通風良好的房間裡兩個小時左右再收起來。

 轉換心情效果　▶ 臥室　 換季時

只要用手
就能驅除
厄運

拍手驅散邪氣

6/8

每年的這個時候，天氣越來越悶熱。如果感覺房間裡的空氣不流通，就拍拍手吧。光是這個小動作就能驅除邪氣，關鍵在於拍手時要集中精神。

 驅除厄運　🚩 自家任何地方　💡 任何時間

讓雨水洗去
你的煩惱

為晴天娃娃畫哭臉

6/9

陰雨連綿的雨季容易讓人心情低落，但雨水富含著淨化心靈的能力。用水性筆在晴天娃娃畫上哭臉後，掛在陽台上。若哭臉被雨水沖刷掉，你的煩惱可能也會獲得解決。

 開運　🚩 陽台　🕐 下雨天

數字一樣
就能許願

6/10

用電子鐘代替流星

6月10日是日本的「時間紀念日」。當電子鐘的數字走到1點11分，三個數字都一樣的話，五秒內在心中默念你的願望（如果是3點33分的話，就默念三次）。

♦ 祈願成功　▬ 任何地方　 任何時間

在婚禮上
遇見未來丈夫
的方法

穿著借來的禮服參加婚禮

6/11

說到「6月」就想到 6 月新娘。在歐洲流傳著一種迷信，如果穿著借來的衣服參加聚會，就能遇見未來的丈夫。另外，未婚女性中吃到最厚蛋糕的人，也會很快結婚。

♦ 愛情運UP　 婚禮會場　🕐 結婚典禮

加深感情的
小魔法

☑ ▢ ▢ ▢ ▢ ▢

和戀人交換相框

6/12

6月12日是日本的「戀人日」。據說情侶們若在當天將照片放在相框裡交換，就可以確認他們對彼此的愛。毫無疑問，感情一定會加深。

◆ 愛情運UP ▐ 任何地方 ◌ 任何時間

提升運氣
一石二鳥

趁著下雨天清潔窗戶

6/13

下雨天，窗戶上的污垢會因為濕氣而浮了出來，這時非常適合清潔窗戶。利用噴霧器灑水再用乾報紙擦拭。不僅窗戶變乾淨，好的氣場也被留在房間裡。

 開運　🚩 自家任何地方　💡 下雨天

以可愛的方式
實現
兩情相悅

吃雙胞胎櫻桃

6/14

準備兩顆連在一起的櫻桃，吃第一顆時，想著自己的心願；吃第二顆時，想著對方的名字和優點。這樣做就有機會兩情相悅喔。

♦ 愛情運UP　🏷 餐桌　🕐 晚餐

和他見面的
前一天
做好準備

用生薑精油取代催情藥

6/15

6月15日是日本的「生薑日」。和對方見面的前一天晚上睡覺之前，在手腕和腳底上塗點生薑精油吧，據說有讓人具備熱情的魅力。

 魅力UP　🚩 臥室　🕐 睡前

為父親慶祝
的理由

好好地慶祝父親節

6/16

6月的第3個星期日，是許多國家的「父親節」，你準備好禮物了嗎？父親是為我們創造出天賦、發展和今後運氣的人，感謝父親也等於開闢通往未來的道路。

いつも
ありがとう
一直很謝謝你。

 開運 任何地方 🕐 任何時間

滿月的日子
約他出去吧

• To Do List •
你今天完成了嗎？
☑ ☐ ☐ ☐ ☐

一起看草莓月亮

6/17

如果要在6月約對方出去約會的話，就是今天了。

草莓月亮是指在夏至前後看見的紅色滿月。在美國，據說看見草莓月亮，願望就會成真；和喜歡的人一起看，戀愛就會成功。

 愛情運UP ▪ 室外任何地方 🕐 滿月之夜

配飯糰或
粥都可以

早上吃梅干可以消災解厄

6/18

6月16日到20日為七十二候的「梅子黃」。聽說早上吃梅干可以避免一天的災難。此源於古早時期的旅行者為了預防地方性流行病，會隨身攜帶梅干作為藥物。

💎 驅除厄運　🚩 餐桌　🕐 早餐

雨天的
護身符

在白紙上倒寫「1」

6/19

適用於世界被雨水清洗的時候。若你早上醒來正在下雨，請在十公分的方形紙上倒著寫「1」，一邊說謝謝，一邊摺疊三次。把它當作護身符隨身攜帶吧。

◆ 驅除厄運　🚩 客廳　💡 下雨天

芬蘭的
迷信傳說

枕頭旁邊放 7 種野花

6/20

芬蘭流傳著一種迷信，如果你在仲夏節 2 前一晚，摘 7 種野花放在枕頭下睡覺，你未來的男人就會出現。為了避免弄髒被子，可以將野花放在袋子裡。

2 仲夏節是夏至來臨時的慶祝活動，在北歐是一個重要的節日。

💎 愛情運UP　🚩 臥室　💡 睡前

熱愛章魚燒
的人最喜歡的
關西習俗

吃章魚預防中暑

6/21

夏至吃章魚是日本關西的習俗。據說一開始是用來祈求豐收，希望水稻可以像章魚的八隻腳往四面八方扎根。而吃當季的章魚能強身健體以預防中暑。

◈ 健康運UP　▐ 餐桌　🕐 夏至

楚楚可憐的
招財花

把繡球花倒掛在廁所裡

6/22

夏至當天，聽說用半紙將繡球花包起來，接著用水引[3]倒掛起來的話，就不再為錢發愁。由於繡球花的外形酷似蜂巢，被稱為財運之花，才會衍生出這樣的祈願魔法。

---

3 水引是在日本文化婚喪喜慶中，裝飾紅、白包袋的細繩節，根據顏色、綁法代表不同意涵。

💎 財運UP　🚩 廁所　🕐 任何時間

祈求全家人
身體健康
財運亨通

6/23

用繡球花裝飾玄關

有一種習俗（尤其是在土用丑日[4]）要在上午十點以前，將堆疊的兩枝繡球花分別裝飾在玄關內和玄關外。裝飾時，只留下三片葉子，並讓花莖朝上。

此作法可以讓全家人健健康康，不為錢發愁。

4　指土用期間的丑日。一年有四次土用，春、夏、秋、冬各一次，每次土用約為十八日，於四立（立夏、立秋、立冬、立春）前約十八日。現在土用丑日多指夏季之土用丑日。

 健康運UP　🚩 玄關　💡早上10點以前

通過
書面審查的
祈願魔法

施展在履歷表上的小魔法

6/24

迎來應屆畢業生求職季。想要被錄取，請在精心製作的履歷表上，用手掌順時針畫圓三次，再逆時針畫圓，畫出大大的 X 字，最後用食指順時針畫圈。

💎 考運UP　🚩 任何地方　🕘 求職季

念「阿瑪麗麗絲」 放鬆 心情

6/25

面試足以影響你的錄取與否，提供面試中對答如流的小魔法。感到緊張和不安時，找個無人的地方念出17次的「阿瑪麗麗絲 5」。記得要張開嘴巴，咬字清晰地念出來。

5 阿瑪麗麗絲（Amaryllis）為音譯，指孤挺花。孤挺花的花語之一為「喋喋不休」，適用於面試前需要緩解緊張、提升口條。

 放鬆效果 面試地點 面試前

面試時
不再提心吊膽

在面試前夕畫一顆南瓜

6/26

面試前一天晚上，用蠟筆畫一顆南瓜，把它折成四折後放入正裝的口袋。面試當天，在面試地點的廁所把圖拿出來，心裡默念：「所有面試官都是南瓜頭」。

💎 放鬆效果　🚩 客廳　🕐 面試前一天

超強！
可以結婚的
護身符

6/27

隨身攜帶空白的結婚書約

若周遭有親朋好友去辦理結婚登記，拜託對方多拿一份結婚書約。將它折得小小的，放在錢包或包包裡隨身攜帶，直到紙變得皺巴巴為止。

 愛情運UP ▮ 任何地方 ⏰ 任何時間

• To Do List •
你今天完成了嗎？

☑ ☐ ☐ ☐ ☐ ☐

多多 和幸福的人握手

6/28

如果遇到看起來幸福的人，就和對方握手吧。最近剛結婚的人、工作風生水起的人、中了彩券的人等等，積極找尋運氣好的人握手，就能獲得對方的幸運能量。

♦ 開運　🏴 任何地方　🕐 任何時間

向星星許願
能時來運轉

尋找橘色的星星

6/29

6月29日是「世界小王子日」。若你在夜空中發現一顆星星格外閃耀，代表好運要降臨了。記得對著那顆星星祈禱：「幸運之星，請賜給我好運。」來提升自己的運勢吧。

💎 開運　🚩 室外任何地方　🕐 晚上

用日式點心
避邪是
京都的習俗

6/30

吃水無月

水無月是於初夏出現在日式點心鋪裡的點心，據說在6月30日食用就不會生病。這個習俗源自日本京都，為了預防瘟疫和消除災難，人們將點心做成酷似冰塊的外觀。

◆ 驅除厄運　🚩 客廳　🕐 點心時間

July

7

加拿大的
可愛小咒語

7/1

兔子，兔子，白兔子

每個月的第一天，邊走邊念：「Rabbit, Rabbit, White Rabbit（兔子，兔子，白兔子）」如此一來，就會獲得整個月的好運。這是在加拿大和英國文化圈國家廣為人知的小咒語。

♦ 開運　🚩 室外任何地方　🕐 通勤時

直到前一天
晚上再掛出來

7/2

在七夕短冊上
清楚地寫下願望

於短冊[1]上寫下七夕的願望吧。關鍵在於要明確地寫出「○○會成真」，在七夕前一天的傍晚前千萬先不要掛出來。等到7日晚上過後，再將其燒掉或扔進海裡。

1 短冊指一種狹長的紙片。

 祈願成功　🚩 客廳　🕐 任何時間

傷痛的銳角
也變得圓潤

治癒失戀的海玻璃

7/3

又到了想去海邊的季節。7月3日是日本的「海浪日」。據說被海浪沖去稜角的海玻璃[2]具有治癒失戀的效果。只要把海玻璃裝進玻璃瓶裡，放在每天都能看得到的地方，它就會治癒你心靈的創傷。

2 海玻璃是指經過自然界中的水、沙、波浪打磨後形成的光滑的玻璃殘骸。

 轉換心情效果　🚩 沙灘　💡 休假時

放慢步調
讓心靈
有起有伏

刻意安排沒有計畫的一天

7/4

當你感到疲倦時，代表你的步調也需要放慢一下。

安排沒有任何計畫的一天，讓緊繃的神經和心靈放鬆一下吧。從ON切換到OFF，獨自旅行或兜風都不錯。

◆ 轉換心情效果　🚩 任何地方　🕐 疲倦的時候

讓你的身影
烙印在
瞳孔裡

• To Do List •
你今天完成了嗎？
☑ ☐ ☐ ☐ ☐ ☐

凝視眼睛 3 秒鐘防堵出軌

7/5

防止夏天發生不可挽回的錯誤前可以做的事。道別時，凝視著對方的眼睛，直到在他的眼裡看見自己的身影為止。接著在心裡數到3，就能有效防範對方出軌。但是效果只能維持四十八小時。

抓住
對方的胃
加深感情

7/6

用白色食材穩定關係

如果想和現在的男朋友結婚，不妨用豆腐或奶油白醬做料理吧。此外，飯後吃大紅豆或甘納豆的話，與對方的關係會更加穩定。

 愛情運UP　 餐桌　🕐 晚餐

仿效牛郎
和織女

在七夕吃素麵修成正果

7/7

習俗說要在七夕當天吃素麵，但原因眾說紛紜。據說這是牛郎和織女一年一度相會的日子，漂浮在水面上的素麵像是銀河一樣。

💎 愛情運UP　🚩 餐桌　🕐 晚餐

肥皂是提升
交際運的
物品

覺得不舒服就早上沖個澡

7/8

早上淋浴可以沖洗掉晚上累積的不好氣場，以精神煥發開始新的一天。關鍵在於使用肥皂，能提升你的交際運。

💎 驅除厄運　🚩 浴室　🕐 早上起床後

哭過以後
才笑得出來

難過的時候聽悲傷的歌

7/9

7月9日是日本的「哭泣日」，只有今天，就算毫無理由也可以盡情哭泣。在極度悲傷的時候，聽一首符合你心境的悲傷旋律更能舒緩情緒；這可是有專業名詞，叫做「同質原理」。

 轉換心情效果　 臥室　🕐 睡前

傳授給
孩子們

被責罵就張開手指的小魔法

7/10

若是眼淚快要奪眶而出的話，請跟著這麼做。左手先緊緊握拳，然後依照順序慢慢張開：小指、無名指、中指、食指、拇指，最後在心裡想著：「結束以後去吃拉麵好了。」

♦ 轉換心情效果　▌任何地方　🕐 被罵的時候

出乎意料的是
往往沒有鋪

鋪設玄關墊

7/11

透過放置玄關墊，可以將不好的氣場隔絕在外，只帶進好的氣場。當玄關墊有了髒污就會無效，記得要時常清理上面積累的泥土和灰塵，保持清潔。

💎 驅除厄運　🚩 玄關　🕐 任何時間

在名片背面
畫上地圖符號

7/12

適用對目前工作沒有熱情的人。在名片背面畫上指向北方的地圖符號，然後寫下自己想做的工作，並隨身攜帶這張名片。你的願望或許會實現，可能會被交付你期望的工作或是成功跳槽。

◆ 事業運UP　▪ 任何地方　🕐 任何時間

利用觀葉植物
充電和排毒

將虎尾蘭擺在臥室裡

7/13

植物不僅能給我們能量，同時也能吸收邪氣。其中，虎尾蘭是一種會在晚上排出氧氣的植物，有助於人們在睡覺時吸入新鮮氧氣。

💎 轉換心情效果　🚩 臥室　💡 任何時間

239

当你遇到
合不来的
主管时

用辯才天的力量
讓主管變得更友善

7/14

最近應該有不少的人事異動。如果你碰到了可怕的主管……，那就去供奉辯才天[3]的神社吧。將寫有主管名字的紙放入信封，再放置神社境內，祈禱著：「請接收對我有害的主管。」

[3] 辯才天是佛教中的十二天，也是日本神話中的七福神之一，象徵口才、音樂與財富的女神。

 事業運UP　 神社　🕐 部門調動後

用柔軟的豆子
來應對
環境變化

早餐吃豆子

7/15

推薦給要進入新環境而感到有些不安的人。請在開始的第一天，於早餐中加入燉煮的豆類料理，有助於你更快適應新環境和人際關係

 事業運UP 🚩 餐桌 🕐 早餐

不是 1 次
而是 2 次

• To Do List •
你今天完成了嗎？
☑ ☐ ☐ ☐ ☐ ☐

看見彩虹許願 2 次

7/16

7月16日是日本的「彩虹日」。彩虹具備將潛意識提升到現實世界的力量。當你看到彩虹時，在它消失之前許願 2 次。透過轉換成言語 2 次，會將意識轉化成行動。

♦ 祈願成功　　🚩 任何地方　　🕯 看見彩虹時

曾經在電影中
見過的場景

把願望放入瓶子扔進大海

7/17

每年到了這個時期，全國的海水浴場都開放了。首先，將寫有願望的紙放入瓶子中，蓋上蓋子。接著前往海邊，數一數潮起潮落的海浪，在海浪第九次來襲時，把瓶子遠遠地扔出去。

 祈願成功 海邊 🕐 休假時

去海邊時
順便做的事

7/18

在海灘上的漂流木刻下願望

漂流木是經過海水淨化並沐浴在陽光下的能量物品，據說刻下願望後再還給大海，願望就能成真。

如果沒辦法用刻的話，用筆寫也可以。

 祈願成功　🚩 海邊　💡 休假時

讓人
感到幸福
的食物

吃香味濃厚的 水蜜桃

7/19

吃當季水果好處多多。7月19日是日本的「水蜜桃日」。水蜜桃的香氣具有給人幸福感的效果，能引導人們進入招來愛情的精神狀態。它還擁有強大的淨化功能，能洗刷掉潛伏於內心的負面情緒。

♦ 開運　🚩 客廳　🕐 點心時間

其實有很多
選擇

吃名字帶「U」的食物

7/20

據說 7 月 20 日土用丑日除了享用鰻魚以外，吃名字帶「U ⁴」的食物都很好。例如，烏龍麵、瓜、梅乾、兔肉、馬肉、牛肉等也很推薦。

4 由於「丑」在日文中念作うし（u shi），所以日本人認為在這一天吃う（u）開頭的食物是吉利的。

♦ 開運　🚩 餐桌　🕐 土用丑日

被約去
煙火大會的
祈願魔法

用紫色緞帶在
銀色湯匙綁上蝴蝶結

7/21

最具代表夏天的象徵就是煙火。提供讓你被約去煙火大會並度過美好時光的小魔法。只要使用紫色緞帶在銀色湯匙打上蝴蝶結，一邊念出：「希望有人約我去煙火大會。」

Ribbon and Spoon

💎 愛情運UP　🚩 客廳　🕐 煙火季

• To Do List •
你今天完成了嗎？

✓ ☐ ☐ ☐ ☐ ☐

釣粉紅色的水球

7/22

想著你喜歡的人，挑戰釣水球！目標是粉紅色的水球。只要將水球放在枕頭邊直到它慢慢收縮變小，你的心意會透過愛情小魔法傳達給喜歡的人。

♥ 愛情運UP　■ 祭典會場　🕐 夏日祭典

落語家
經常做的
祈願魔法

在重要工作之前 來一份天重

7/23

7月23日是日本的「天婦羅日」。據說落語家 5 會在重要工作之前吃天重。天重是裹著「麵衣」的天婦羅裝在「重（音同住）盒」的「食物」。這是一種希望食衣住都充足的祈願魔法。

---

5 落語是日本的一種傳統表演藝術。落語家早期是指說笑話的人，後來逐漸演變成說故事的人。

 事業運UP　🏳 天婦羅店　🕐 午餐

海邊能撿到的
萬能護身符

尋找有洞的石頭

7/24

於海邊所找到的有洞石頭，是非常優秀的魔法物品。光是拿著就可以保護自己免受邪氣侵擾。此外，據說在石頭的洞裡插一根完全吻合的棍子，再扔回海裡，戀情就會成真。

◆ 驅除厄運　🚩 海邊　🕐 休假時

有驅除厄運
的效果

與他人分享臨時收入

7/25

最近是發放夏季獎金的時期。臨時收入原本就是沒有的東西，若想要正確使用這個好運的方式之一，就是與他人分享。聽說「分享」的行為，具有驅除厄運的效果。

♦ 驅除厄運　⚑ 任何地方　🕐 有臨時收入時

僅限
綠色煙火

看著煙火許願 3 次

7/26

當綠色的煙火升起時，記得在它熄滅前許願 3 次。重點在於要使用「完成式」句型，像是「我中了彩券」、「我嫁給了他，並過著幸福快樂的日子」。

 祈願成功　🚩 煙火會場　🕯 煙火大會

可以與他共度
熾熱的夜晚

只扣第 2 顆鈕扣

7/27

約會所穿的衣服，請選擇正面有鈕扣的襯衫或連衣裙。從前一天開始，將只扣了第 2 顆鈕扣的服裝用衣架掛起來，隔天再穿出門，就能和對方變得更加親密。

💎 愛情運UP　🚩 臥室　🕐 約會前一天

讓你成為
海灘上
的焦點

泳裝不要到了海邊再換，在家就先穿著

7/28

去海邊或游泳池的前一天穿著泳裝睡覺，或是保持放鬆的狀態穿著泳裝三個小時以上。當自己習慣穿著泳裝，言行舉止就能夠大大方方，看起來會有十倍吸引力。

💎 魅力UP　🚩 臥室　💡 去海邊的前一天

消除夜遊
的疲勞

閉上眼睛倒數100

7/29

夏天出去夜遊後的隔天早晨，有效消除疲勞的小魔法。閉上眼睛，讓眼球稍微向上轉動，再慢慢地從100倒數到1。此動作能讓你的腦波進入放鬆狀態，更快地緩解疲勞。

💎 轉換心情效果　📗 自家任何地方　💡 早上起床後

喝梅子泡的茶
提神醒腦

吃梅乾讓人精神抖擻

7/30

7月30日是日本的「梅乾日」。梅子的籽被稱作天神，吃梅干時，連籽一起吃效果更佳。據說梅乾具有鎮痛、消炎、殺菌，以及腸道調節的作用。因此，喝梅乾泡過的茶會讓人神清氣爽。

 驅除厄運　▶ 餐桌　🕐 早餐

寫的人和
收到的人
都會開運

親手寫下夏日問候

7/31

親手寫的信會散發出個人特質，收到的人也會很開心。夏日問候基本上是在 7 月中旬至立秋（8 月 8 日左右）寄出。挑選設計精美的郵票，也是寫信的樂趣之一。

 開運 客廳 暑假

8

August

跟著做
目標是中獎

彩券中獎者的待機畫面

8/1

夏季大寶籤[1]的季節到了。偷偷告訴你高額獎金得主的習慣。聽說他們的手機待機畫面都是金蘋果、稻穗、太陽等等圖案。試著換成這類型的桌布至少兩週吧。

1 大寶籤指日本的彩券之一，夏季大寶籤的頭獎金額會比一般大寶籤還高。

 財運UP ■ 任何地方 ● 買彩券時

早晨不沖澡
改換內褲

早上換一條內褲穿

8/2

8月2日是日本的「內褲日」。趁機購買新內褲吧。此外，養成早上起床換內褲的習慣，能驅除晚上累積的厄運。

💎 驅除厄運　　🚩 臥室　　🕐 早上起床後

美式鬆餅
的小魔法

用蜂蜜寫名字縮寫

8/3

8月3日是日本的「蜂蜜日」。早餐要不要來點美式鬆餅呢？吃的時候用蜂蜜寫上自己和喜歡的對象的名字縮寫，兩人的關係就可以更加甜蜜。若是能讓喜歡的人吃下去效果更好。

❤ 愛情運UP　🚩 餐桌　🕐 早餐

給
自由工作者

8/4

使用環保筷提升獨立性

8月4日是日本的「筷子日」。養成在外用餐自備餐具的習慣如何？對於強烈渴望獨立的人來說，可以有效獲得自立自強的運氣。

 事業運UP 🚩餐廳 🕐午餐

觀眾的氣魄
也很重要

看甲子園提升財運

8/5

正是甲子園 2 開幕時期。其實球場是提升財運的熱門場所。不僅能感受棒球少年們熱血沸騰的夏天，觀看各種體育賽事也能提升財運，沒有比這個更划算的事情了。

2　甲子園，是指「夏季甲子園」的「全國高校棒球選手權大會」。

對錢
表示謝意

8/6 還錢要用新鈔

如果你是一個自己賺錢和管理錢財的成年人，用新鈔還錢是基本禮儀（最好是裝入信封袋）。平時多留意隨身攜帶信封袋，就是開運生活的開始。

信封袋
ぽち袋

💎 財運UP　🚩 任何地方　💡 還錢時

花卉的畫
有助於
提升愛情運

客廳只掛一幅畫

8/7

8月7日是日本的「花卉日」。植物的畫作或照片可以提升人際關係和健康方面的運勢；花卉則是能提升愛情運！由於畫作和照片具有強大的能量，不用掛很多幅在客廳，只掛一幅效果更好。

 健康運UP 客廳 任何時間

笑口常開
好運自來

試著誇張大笑

8/8

8月8日是日本的「愛笑日」。即便是遇到不好笑的事物，也試著發出「哇哈哈」的聲音，盡情誇張大笑吧。只要用力笑，大腦會立刻做出反應，讓人真的想笑。

♦ 開運　▮ 客廳　🕐 沮喪時

用愛
回應任性

擁抱珍惜的人

8/9

8月9日是日本的「抱抱日」。任性發脾氣是缺乏愛的證據。若想要改善對方的任性，請充滿愛意地給他一個大大的擁抱。

♦ 開運　▶ 任何地方　💡 任何時間

不安的時候
可以試試看

用小指頭在額頭上畫愛心

8/10

8月10日是日本的「愛心日」。先用右手的小指頭在額頭上畫一顆愛心吧。接著走到外面，閉上眼睛，在心裡默念五次對方的名字。你的心意一定能夠傳達給他。

♥ 愛情運UP　📍任何地方　🕐任何時間

想消除煩悶
就往高處走

爬上高山眺望人生

8/11

8月11日是日本的「山之日」。從高山上眺望的景色會豐富你的心靈。從自己相同高度看到了令人厭惡的事物，不如改從高處客觀地看待，就會顯得微不足道。

♦ 轉換心情　🚩 山　🕐 有壓力時

273

建立信心的
小魔法

照片擺在桌上

8/12

將爬山時所拍的照片擺在桌上吧。只要回想爬上那座山的自己，就會對自己充滿自信，成績也會跟著提高。

◆ 財運UP　▌職場　🕐 任何時間

打赤腳
神清氣爽

• To Do List •
你今天完成了嗎？

☑ ☐ ☐ ☐ ☐ ☐ ☐

8/13

光著腳走來走去

光著腳丫子在榻榻米或地毯上四處走動，確認地板的觸感。若你正處於鬱悶或疲憊狀態時，這是立即見效的超簡單充電法。

💎 轉換心情效果　🚩 澡堂　💡 疲倦的時候

過去人們的
習俗儀式

感謝自己所居住的土地

8/14

「讚美國家」的舉動，是成功人士和幸運的人常做的習俗。找出居住地的優點並且大力讚揚，這片土地的神明會很樂意支持和守護我們。

♦ 開運　▌任何地方　💡 任何時間

孟蘭盆節[2]
回老家找一找

8/15

佩戴祖先留下的物品

最近要返鄉了。如果想保護自己免於某些事物的侵害或避開危險時，可以尋找祖先留下來的遺物。找到之後，念兩遍「請保佑我」，接著佩戴在身上就可以了。

2 孟蘭盆節是日本的傳統節日，即當地的中元節。

◆ 驅除厄運　🚩 老家　🕐 返鄉時

撫慰失戀傷痛
的小魔法

把回憶的照片埋進土裡

8/16

老家應該存有許多前一段戀愛的回憶吧。選一張最令你難忘的照片，用剪刀剪下對方的身影並放入信封，埋進土裡。只要堅定地發誓：「我再也不會想起你」，那麼回憶就不會再是傷痛了。

♥ 轉換心情效果　🚩 老家　🕐 返鄉時

讓微風
帶走怒火

拿扇子朝著吵架的
兩人搧一搧

8/17

別人吵架時你卻夾在中間左右為難……面對此情況，你可以拿扇子朝兩人搧一搧，讓他們冷靜下來。此外，人們比較不會在吃點心時逞口舌之快，所以端出兩人喜歡的點心，效果會更好。

 轉換心情效果　🚩 任何地方　🕐 吵架時

米要隨時
保持滿滿的

• To Do List •
你今天完成了嗎？

☑ ☐ ☐ ☐ ☐ ☐

米桶滿滿，財庫滿滿

8/18

米桶是財運的象徵。據說米桶裝得滿滿的就不會為錢發愁。別讓米桶空空的，記得隨時要補滿。

 財運UP　🚩廚房　🕐任何時間

引導迷惘心情
的洗碗法

8/19

仔細清洗碗盤的底座

每個人都會有對未來生活的煩惱。遇到這種情況時，在洗碗的時候請仔細清洗碗盤的底座，會有意想不到的發現喔。

 開運　 廚房　 飯後收拾

音量
要放低

清喉嚨截斷不適的氛圍

8/20

當你遇到不愉快或心生動搖的事情時，稍微清一下喉嚨吧。接著你會發現心情很神奇地平靜下來，因為令你不適的氛圍被截斷了。

♦ 轉換心情效果　▌任何地方　🕐 吵架時

如何吃麵包
來提升魅力

8/21

把果醬塗在吐司的四個角

有一種和8月21日的日本「美味奶油日」有關的小魔法。先在吐司塗上奶油，接著在四個角塗上直徑約兩公分的草莓醬。最後再從四個角開始吃，魅力就會提升。

❖ 魅力UP　🚩 餐桌　💡 早餐

用愛與
鹹味和好

吵架後的隔天
要吃鹹味三明治

8/22

8月22日是日本的「危險夫妻日」。提供大吵一架後的隔天可以和好的小魔法。早餐就來做三明治，夾進對方喜歡的食材，用心灑上鹽後再吃。

 轉換心情效果　 餐桌　🕐 早餐

可以享受
葡萄的樂趣
兩次

將葡萄籽放入瓶子中

8/23

8月23是日本的「葡萄日」。吃完葡萄後，將兩顆葡萄籽清洗乾淨，在陽光下曬乾，再放進小瓶子裡，並擺在房間的東側。這是能和對方兩情相悅的小魔法。

◆ 愛情運UP ▪ 客廳 ⏰ 點心時間

也許會遇到
美少年

和好友們 5 個人走在街上

8/24

好友5人組，或是相同上學路線、乘車站的5個人，總之是有共同點的5個人一起走在街上，美少年就會迎面而來。

💎 愛情運UP　🚩 路邊　🕐 任何時間

圓潤的東西
會有好運

8/25

吃西瓜讓人際關係更圓滑

像西瓜一樣又大又圓的東西，在風水中具有六白金星的作用，會提升成功運、達成運，以及領導運。只要吃下西瓜，原本停滯不前的事情或人際關係，也會變得更加順暢。

 開運  客廳 　點心時間

讓兩人
的感情
完全成熟

8/26

和喜歡的人
一起吃哈密瓜

據說只要和喜歡的人一起吃哈密瓜就能拉近兩人的距離。自古以來，哈密瓜被譽為豐收的象徵，意味著兩人的關係也可以結出豐碩的果實。

 愛情運UP　🚩 客廳　🕐 點心時間

悄悄在職場
做的祈願魔法

在馬克杯的底部寫下願望

8/27

準備一個職場專用的馬克杯，用筆在杯子底部寫下明確的願望，例如「我工作很能幹」。記得每天都要使用這個馬克杯，隨著使用次數增加，事業運也會跟著上升。

 事業運UP 職場 🕐 任何時間

感受
五個感官

8/28

眼睛發癢是相遇的前兆

如同聞到美味香氣鼻子就會發癢，眼睛發癢也象徵吉兆。其實五種感官的變化，隱藏著各種預兆。

 開運　🚩 任何地方　🕐 任何時間

日本大阪
歐巴桑身穿
豹紋的秘密

• To Do List •
你今天完成了嗎？

✓ ☐ ☐ ☐ ☐ ☐ ☐

隨身攜帶喜愛的動物紋物品

8/29

豹紋、斑馬紋……動物花紋的東西，具有驅除邪氣的力量。至於動物的種類，選擇自己喜歡的動物越有效。

 驅除厄運　🚩 任何地方　🕐 任何時間

夏日尾聲的
祈願魔法

▪ To Do List ▪
你今天完成了嗎？
☑ ☐ ☐ ☐ ☐ ☐

8/30

對向日葵種子許願

夏天轉眼間就要結束了。據說殘留在花上
的乾燥向日葵種子，具有實現願望的魔
力。左手拿著種一邊把它埋進土壤裡，一
邊許下心願。

♦ 祈願成功　🚩 向日葵花海　💡 休假時

讓告白成功
的哈欠

• To Do List •
你今天完成了嗎？
☑ ☐ ☐ ☐ ☐ ☐

8/31

打哈欠時默念 7 遍他的名字

8月31日是日本的「I Love You」日。今天最適合告白了。記得在告白之前，打一個哈欠，同時心裡默念他的名字7次。若是過程中因哈欠中斷或被別人打斷，就表示失敗。

💎 愛情占卜　🚩 任何地方　💡 告白前

9

September

建立穩固
羈絆的茶

• To Do List •
你今天完成了嗎？
☑ ☐ ☐ ☐ ☐ ☐

一起喝杯瑪黛茶

9/1

9月1日是日本的「瑪黛茶日」。瑪黛茶以高營養價值聞名，和心愛的人一起喝的話，兩人將永遠在一起。推薦給不想屈服於任何困難的情侶。

♥ 愛情運UP　🚩 客廳　🕐 任何時間

可以在
新學期嘗試

畫了箭頭
就能坐在
喜歡的人旁邊

9/2

新學期的開始，提供學生專用的小魔法，於換座位時使用。當喜歡的人抽籤時，在自己的手掌上畫出一個箭頭指向他。

💎 愛情運UP　🚩 教室　🕐 換座位時

用秋天的味覺提升健康運

• To Do List •
你今天完成了嗎？
☑ ☐ ☐ ☐ ☐ ☐ ☐

9/3

吃無花果緩解便祕

無花果顆顆分明的口感與溫和的甜味令人無法抗拒。它不僅含有豐富的鈣和鐵等，對身體健康不可或缺的礦物質；它也含有膳食纖維，對預防便祕很有幫助。

◆ 健康運UP　🚩 餐桌　🕐 早餐

原住民傳說

• To Do List •
你今天完成了嗎？

☑ ☐ ☐ ☐ ☐ ☐ ☐

9/
4

白鯨是幸運的象徵

9月4日是日本的「鯨魚日」。二〇一五年在澳大利亞目擊了一頭白色座頭鯨，牠被命名為「Migaloo」，原住民語言中代表「白色」的意思，也被視為幸運的象徵。

💎 開運　🚩 大海　🕐 旅行時

完妝後的
妝感不一樣

喝一杯氣泡水

9/5

喝1杯氣泡水（約180ｃｃ）後再化妝。你或許沒有意識到，但這個動作會讓自己變得比平常更有魅力，同事們可能還會爭相稱讚你：「你跟平時不一樣耶。」

◆ 魅力UP　■ 餐桌　🕐 早上起床後

烏鴉沒有
不吉利

和烏鴉對視的話，最適合更改日程安排

9/6

9月6日是日本的「烏鴉日」。在神話中，自從烏鴉帶領神武天皇到奈良以後，就被認為是引導之神。正好與「和烏鴉對視是不吉利的」這句話相反，真正的意思是「今天會發生不好的事情，而牠提前引導我們。」

💎 驅除厄運　🚩 路邊　🕐 通勤時

好工作
紛至沓來的
口頭禪

用「繁忙」取代「勞碌」

9/7

如果你會形容忙得不可開交的自己是「勞碌」的話，請小心。越是忙碌，越應該要說「只是比較繁忙」。有用的資訊及有趣的工作，更容易出現在態度積極正向的人身上。

 事業運UP　🚩 職場　🕐 任何時間

讓好事
降臨的祕訣

9/8

注意回話的內容

回話的內容，是建立良好人際關係的關鍵。若是有人透過電子郵件請託時，你會怎麼回覆呢？留意一連串的因果關係，會讓好事降臨。

◆ 事業運UP ▌職場 ◷ 任何時間

熱呼呼
甜蜜蜜的
秋天滋味

吃栗子飯慶祝秋收

9/9

9月9日是陰陽思想中的陽數日。在中國，有用吉祥數字慶祝的習俗。民間又稱今天為「重陽節」或「栗子節」，以慶祝秋收。

 開運　 餐桌　 晚餐

在重要會議上
試一試

• To Do List •
你今天完成了嗎？

☑ ☐ ☐ ☐ ☐ ☐

9/10

順時針方向發放會議文件

在你擔任主持人的會議或報告不想發生失誤，可以嘗試的小魔法。據說將要發下去的文件以太陽運行的順時針方向發放就能帶來好運，壞運也會被轉成好運。

💎 事業運UP　🚩 職場　🕐 會議開頭

對貓咪
要溫柔

9/11

陌生貓咪來到庭院 代表好運

若有陌生的貓咪進到家裡，是幸運降臨的前兆。但是不能為了好運試圖用餵食來吸引貓咪。

 開運 🚩 庭院 💡 任何時間

對狗狗
也要溫柔

9/12

和陌生狗狗對到眼
代表好運

聽說和陌生的狗狗對到眼代表好事發生，但不能為了跟狗狗對眼而直直盯著牠看。必須在看牠的那一瞬間對到眼才行。

💎 開運 🚩 路邊 💡 任何時間

沐浴月光
來獲得月亮
的能量

⁹/13

十五夜賞月

十五夜[1]的習俗是慶祝當年的收穫，以及
祈求明年的豐收。擺上十五顆糰子和里芋
等供品，一旁擺著芒草和胡枝子等秋之七
草。秋高氣爽的氛圍中，高掛空中的明月
看起來格外美麗。

---

1 十五夜，是指日本的中秋節，日期在農曆8月15日當天晚上。

◈ 開運　🚩 庭院　💡 晚上

男性告白
的官方日期

• To Do List •
你今天完成了嗎？

☑ ☐ ☐ ☐ ☐ ☐

9/14

收到內衣就會被告白

9月14日是日本的「男子情人節」，當天
會由男性向女性表達愛意。這是日本Body
Fashion協會所制定的紀念日，規定在告
白的時候要送內衣給對方。

💎 愛情占卜　🚩 任何地方　🕓 任何時間

露營愛好者
可以記起來

• To Do List •
你今天完成了嗎？

☑ ☐ ☐ ☐ ☐ ☐ ☐

9/15

敲打樹木驅除厄運

迎來適合露營的季節。美國流傳著一種迷
信，只要一邊敲樹木一邊說「Knock on
wood」，就能驅除厄運。此話也代表避開
不幸，延續好運。

 驅除厄運 ▌ 營地 ⏱ 休假時

敬老節
禮物

送網紋圖案的碗

9/16

9月16日是日本的「敬老節」。如果不曉得要送祖父母什麼禮物的話，可以送期許長輩長壽的網紋圖案的碗。自古以來，網紋花紋會被描繪在陶器上，讓人聯想到連綿不斷、長長久久。

元 気 に 長 生 き し て ね

要長命百歲喔。

 健康運UP 老家 敬老節

知道
結婚時間
的方法

德國的毛骨悚然花占卜

9/17

在德國，據說按照「今年、明年、總有一天、絕望」的順序數花瓣，就能知道自己結婚的時間。

♦ 愛情占卜　🚩 花田　🕐 休假時

連接內部和
外部的包包

圓型包包讓關係更圓滑

9/18

包包是交流的象徵，表示將內心世界帶到廣闊的外部世界。其中，線條圓滑的包包代表沒有開始和結束的永恆連結，可以提升溝通交流的運勢。

💎 事業運UP　🚩 出門前　🕐 臥室

對倒霉的
自己說的
魔法咒語

9/19

「都是假的！」

獻給覺得自己最近走霉運的人。有一句神奇的咒語能扭轉壞運——「都是假的！」當你說：「今天真的好衰啊，都是假的啦！」就可以把注意力轉向嶄新的未來。

💎 開運　🚩 任何地方　🕐 走霉運時

把羨慕嫉妒
都拋諸腦後

看看飄在空中的白雲

9/20

9月20日是日本的「天空日」。今天一整天，不要想著未來的日子，至少看看白雲三十分鐘以上。想像自己坐在雲朵上飄，羨慕、嫉妒的情緒會不知不覺消失於天空中。

◆ 轉換心情效果　▉ 室外任何地方　🕐 任何時間

像個孩子
一樣吧

走斑馬線只踩白線

9/21

許多人小時候過斑馬線時會刻意只踩白線吧，這是可以提升運氣的小魔法喔。建議做這件事時要確認前後左右，小心來車。

💎 開運　🚩 斑馬線　💡 通勤時

用傘架的
擺放位置來
驅除厄運

傘架要放在玄關外

9/22

再過不久要迎來漫長的雨季。從風水的角度來看，傘架容易積累陰氣，最好放置在玄關外。如果住在公寓的話，可以放於面向大門的右側緩解陰氣。推薦選用不鏽鋼材質。

 驅除厄運 玄關 🕐 打掃時

看不見的地方
也很重要

擦皮鞋要連鞋底一起擦

9/23

9月23日是日本的「擦鞋日」。多數有錢人都格外注重自己的鞋子，也有很多的小習慣。其中，擦亮鞋底就很重要，是防止不好的能量進入家門的祈願魔法。

◆ 驅除厄運　🚩 玄關　🕐 回家後

Sept.

和室可以
提升全家人
的運勢

• To Do List •
你今天完成了嗎？
✓ ☐ ☐ ☐ ☐ ☐

9/24

仔細清潔榻榻米

9月24日是日本的「榻榻米之日」。今天就來清潔和室裡的榻榻米吧。鋪有榻榻米的空間，對神明來說是很舒適的地方，若保持整潔，神明也會幫助全家人提升運勢。

 開運 ▸ 和室 🕐 打掃時

323

推薦
黃色條紋

9/25

加入條紋元素

9月是「土」氣場強勢的月份。風水中，有土生金的說法，利用陶器或帶有黃色與條紋的物品，來加強「土」的氣場吧。

しましま 條紋

 財運UP 自家任何地方 🕐 任何時間

工作和健康
的強大夥伴

9/26

吃出世魚來出人頭地

這個季節盛產各種魚類。出世魚[2]擁有出人
頭地的運氣，推薦給期望工作順遂的人。
魚類也富含DHA、EPA等等營養，能讓血
液暢通，有益於健康。

---

2 出世，具有成功的涵義。出世魚，指隨著成長過程改變日文名
稱的魚，帶有出人頭地的意思。

 事業運UP 餐桌 晚餐

9/27

把杏仁放在包包裡

杏仁的形狀是開花結果的證明。想要收穫豐碩果實時，請將形狀充滿魅力的杏仁放進包包吧，繁榮會烙印在你的氣場中。另外，和鈴鐺一起放是最強組合喔。

◆ 財運UP ▌臥室 🕐 出門前

出人頭地
不可或缺
的門牌

門牌要有格調

9/28

門牌會呈現該戶人家的面貌和風格。推薦選用天然木材、大理石或花崗岩等優質材料。記得門牌只寫上屋主的姓氏，因為沒有名字更容易招來福氣。

💎 事業運UP　📗 玄關　🕐 任何時間

不是招財貓
也沒關係

9/29

玄關擺放貓咪的擺飾

只要在玄關或窗邊放置貓咪的擺飾，可以為家裡帶來好運。留意擺設要保持整潔，若是沾滿灰塵的話，就無法帶來好運了。

 開運 ▌玄關 🕐 打掃時

能永遠
在一起的
小魔法

9/30

將帶殼的核桃恢復成原來的樣子

9月30日是日本的「核桃日」。把帶殼的核桃撬開，取出裡面的果仁，接著在核桃殼裡放進一張寫有你的名字和對方名字的紙條，以及一顆小鈴鐺，再用黏著劑將核桃殼黏起來，恢復成原來的樣子。

♦ 愛情運UP　▮ 客廳　🕐 休假時

October

10

醉浴～♪

用日本酒浴淨化你的一天

10/1

10月1日是日本的「日本酒日」。當不愉快的事情接連發生，推薦大家泡個日本酒浴。泡澡時，用兩杯日本酒取代入浴劑，若再加入鹽的話，會提高淨化力喔！

Sake and Salt

 驅除厄運 浴室 洗澡前

烹飪的細節
很重要

秋天要講究調味料

10/2

迎接食慾之秋。秋天有名為「口福」的運勢，對食物講究做為當季開運的行動之一。若對鹽或醬油等調味料特別講究的話，則可以提升運氣。

♦ 開運　🚩 廚房　🕐 烹飪時

使社交
更圓融

10/3

吃圓麻糬讓人際關係一帆風順

據說白白圓圓的食物能夠扭轉糟糕的局面，讓人際關係更圓滑。比如圓麻糬、水煮蛋。作為改善溝通的小祕訣試試看吧。

 開運　🚩 餐桌　🕐 早餐

滴答作響
並帶來好運
的時鐘

將擺鐘放在玄關

10/4

指針不斷移動的時鐘，會刺激並推進氣場的流動。

因此，把擺鐘掛在玄關可以提升財運。

💎 財運UP ▚ 玄關 🕐 任何時間

檸檬香味
提升新陳代謝

淋上添加檸檬的熱水

10/5

10月5日是日本的「檸檬日」，洗澡時使用檸檬吧。先於洗臉盆裝熱水再滴入三滴檸檬原汁，接著想像自己的理想體型，再一口氣淋上熱水，會提高減肥的成功率。記得要持續至少一個月。

💎 魅力UP　🚩 浴室　🕐 洗澡時

買彩券
的時機

撞見落雷賭運會提升

10/6

如果看見雷擊，代表你的運氣瞬間上升。聽說此時賭一把，中獎的機率會提高。試試日本萬聖節的大寶籤，可能會很有趣。

♦ 財運UP　🏳 任何地方　🕐 下雨天

結是好運
的象徵

在超市門口等待的

狗狗代表幸運

10/7

繩子或緞帶有將東西繫在一起的用途，像是防止狗狗逃跑或是船漂走。若在街上發現打結的繩子或緞帶，等於抓住了看不見的緣分或運氣，也表示你會有一段好緣分。

 開運　🚩 室外任何地方　💡 任何時間

最重要的
是坦率的心

學會接受稱讚

10/8

美國女性善於稱讚別人，也善於接受稱讚，不過這是一件很困難的事。學會接受稱讚的第一步是坦率地接受。表現出自己的喜悅，再將你覺得美好的事情傳達給對方。能做到的話就很完美了！

💎 開運 ▌任何地方 🕐 任何時間

紅茶和蘋果
都是
戀愛好夥伴

10/9 喝蘋果茶 提升愛情運

用自己喜歡的杯子喝蘋果茶吧。紅茶和蘋果都有提升戀愛運的力量。

關鍵在於，要像對待戀人一樣用心，心情愉快地沖泡這杯茶。

APPLE TEA

💎 愛情運UP　🚩 客廳　🕐 點心時間

從手開始
縮短心的距離

用小指觸碰手掌

10/10

10月10日是日本的「手與手之日」。每次看到喜歡的人時，用右手的小指觸碰左手的手掌，兩人的距離就會逐漸拉近。因為右手小指代表自己，左手手掌則代表喜歡的人。

◆ 愛情運UP　▌任何地方　🕐 任何時間

好運總是
從指尖到來

• To Do List •
你今天完成了嗎？
☑ □ □ □ □ □ □

10/11

護理指甲會提高好運的靈敏度

10月11日是日本的「指甲保養日」。想要提升好運，就需要增加聚集運氣的天線靈敏度。天線即指甲。把指甲前端修剪整齊，幸運會更容易降臨。

◆ 開運　▌客廳　🕐 睡前

戀愛以外
的祈願
在星期一

✓ ☐ ☐ ☐ ☐ ☐

單戀中的人要在
星期日剪指甲

10/12

據說在星期日剪指甲，戀情就會開花結果；在星期一剪指甲，可以實現戀愛以外的心願。不過，星期日和星期一兩天都剪指甲的話，不會有任何效果。

💎 愛情運UP　🚩 客廳　🕐 睡前

愛情運低迷
的原因是……

房間裡的娃娃最多一個

10/13

10月13日是日本的「搬家日」。感覺自己愛情運低迷的人，請環顧一下房間。擺放太多的娃娃與人偶會讓人心煩意亂、氣場不順。因此，放在房間裡的娃娃一個就好。

 愛情運UP 臥室 🕐 搬家時

‧ To Do List ‧
你今天完成了嗎？
☑ ☐ ☐ ☐ ☐ ☐ ☐

10/14

一邊揉麵團一邊打拳

揉麵團的時候，會用捶打方式排出麵團內的氣體，此過程很適合用來紓解壓力。完成以後，剛出爐的麵包香氣和鬆軟口感也會讓人感到很療癒。

 轉換心情效果　🚩 餐桌　💡 做麵包時

讓幸福蔓延
的餐桌

將桌子收拾乾淨

10/15

一張乾淨的桌子會聚集美味的食物、笑容和幸福。因此，要把與家人常用的桌子上的髒污擦拭乾淨，不要擺放多餘的東西，確保任何時刻都能使用到桌子。

◆ 開運　🚩 餐桌　🕐 飯後收拾

還可以打造
健康肌膚和
預防感冒

柿子對宿醉很有用

10/16

柿子是從日本的奈良時代開始栽培的水果，一顆就含有一天所需的維生素C，用於打造健康肌膚和預防感冒。柿子內含的單寧還具有分解酒精的作用，對宿醉也很有效。

 健康運UP 餐桌 🕐 早餐

關係發展
的一首歌

• To Do List •
你今天完成了嗎？
☑ ☐ ☐ ☐ ☐ ☐

10/17

在KTV唱《羅曼史之神》

10月17日是日本的「KTV文化日」。聽說
唱廣瀨香美的《羅曼史之神》，和喜歡的
對象就會有進展。從朋友成為戀人、與前
男友復合、男友變成老公等都有可能。

💎 愛情運UP 🚩 KTV 🕯 約會中

不要路過

一塊錢也要好好撿起

10/18

如果你在路邊發現硬幣，應該要撿起來，連1塊錢都不能忽視。只要撿起來，讓錢重回市場，死錢就會變成活錢，還能累積一點小小的陰德。

 開運　🚩 路邊　💡 通勤時

喜歡的對象
可能會
出現在夢裡

10/19

晚餐吃喜歡的人愛吃的食物

晚餐吃喜歡的人愛吃的食物，就會提升喜歡的人出現在夢裡的機率。若是自己不愛吃的食物，也不要勉強。勉強自己吃的話，可能會做惡夢。

💎 愛情運UP　🚩 餐桌　🕐 晚餐

掉下來的
頭髮
也要小心對待

撿起排水孔的頭髮

10/20

頭髮是女人的命，護理頭髮會提升愛情運，掉下來的頭髮也一樣。你是否會直接用手撿起阻塞排水孔的頭髮丟掉呢？只要用衛生紙好好包起來再丟掉，愛情運就會上升。

♥ 愛情運UP　🚩 浴室　🕐 打掃時

不要放在
地板上

將拖鞋放到鞋架時不要疊起來

10/21

讓好的氣場流通，驅散不好的氣場。玄關是氣場的入口，如同過濾器般的存在。因此，不要把拖鞋放在地上，請擺到鞋架上。建議使用不必堆疊就能放入的鞋架。

 開運　 玄關　🕐 回家時

白白的額頭是
好運的象徵

• To Do List •
你今天完成了嗎？

☑ ☐ ☐ ☐ ☐ ☐

10/22

不要忽視額頭的保養

據說財運旺盛的人，額頭都白白亮亮的。記得保持額頭的清潔並妥善保養，防止長痘痘。推薦使用提升財運的柑橘類護膚品。

財運UP 客廳 🕐洗澡後

不是寫在
蛋上，而是
寫在飯上。

10/23

在蛋包飯上寫下名字

每個月的23日是日本的「蛋包飯日」。掀開蛋包飯的蛋皮，用番茄醬在飯上寫下雙方名字的縮寫，再把蛋皮蓋回去。吃完蛋包飯後，兩個人就可以永遠保持親密的關係。

 愛情運UP　 餐桌　🕐 午餐

• To Do List •
你今天完成了嗎？
☑ ☐ ☐ ☐ ☐ ☐

與人邂逅要
帶著小包包

約會時禁止帶大包包

10/24

相較於小包包，大包包反而能提升事業運，卻不適合帶去約會或邂逅的情境。手上的東西太多，就會形成一種障礙，讓男人遠離你。

Small Bag

💎 愛情運UP　🚩 臥室　🕐 出門前

不會睡過頭
的小魔法

晚上睡覺前拍一拍枕頭

10/25

享受漫長秋夜時做的小魔法。若你想在特定時間起床，晚上睡覺前，想要幾點起床就拍幾下枕頭，就能在鬧鐘響起之前自然醒來。

💎 開運　🚩 臥室　🕐 睡前

361

書架凌亂
會導致
工作混亂

10/26

整理書架也可以梳理思緒

迎來讀書之秋。將書架整理得有條不紊，你的思緒也會更加清晰，提高工作的專注力。相反地，被書海淹沒，你就無法接收新資訊，讓工作陷入僵局，要多加留意才行。

💎 事業運UP　🚩 自家任何地方　🕐 打掃時

每天使用的
東西都要
很講究

碗筷選擇更高格調的

10/27

碗筷、馬克杯等日常使用的物品會表現出自己的「品格」。即便價格偏貴也要用優良品質的。建議筷子選用塗漆，碗選用瓷的。

♦ 開運　🚩 餐桌　🕐 任何時間

料理的基底
＝
運勢的基底

• To Do List •
你今天完成了嗎？
☑ ☐ ☐ ☐ ☐ ☐ ☐

紮紮實實地熬煮味噌湯的高湯

10/28

10月28日是日本的「高湯日」。高湯是料理的基底，也是運勢的基底。建議不用濃縮高湯，從鰹魚乾或昆布開始熬煮吧。也可以挑戰雞骨高湯或法式清湯。

💎 開運　🚩 廚房　🕐 烹飪時

烏克蘭的
小魔法

用紅線在左手上打３個結

10/29

這時算是體育之秋，流行於烏克蘭運動員之間的小魔法。在新月之日，用紅線在左手上打３個結，聽說這樣能讓內心平穩下來，是運動員相當重要的習慣之一。

❤放鬆效果 🚩任何地方 💡任何時間

讓戀情
開花結果的
杯子擺法

將杯子面朝下擺放

10/30

10月30日是日本的「初戀日」。提供讓愛情成真的魔法。使用完杯子、臉盆、浴桶和水有關的容器後，一定要面朝下擺放。不面朝下擺放的話，容器內會累積不好的氣。

💎 愛情運UP   ▰ 盥洗室   🕐 使用過後

英國的
除厄法

萬聖節之夜穿紅色睡衣

10/31

10月31日是「萬聖節」。在英國，據說萬聖節當天穿紅色睡衣睡覺的話，不好的東西會在你睡覺時遠離。

 驅除厄運　臥室　🕯睡前

11

November

英國紅茶
的迷信

第 2 杯紅茶是戀愛邀約

11/1

11月1日是日本的「紅茶日」。英國流傳著一種迷信，如果杯子水面漂浮著紅茶茶梗，代表將會遇見帥哥。此外，若有異性為自己倒了2杯茶，對方就會喜歡上自己。

◆ 愛情運UP　🚩 咖啡廳　🕐 下午茶時間

養成
清潔習慣

• To Do List •
你今天完成了嗎？

☑ ☐ ☐ ☐ ☐ ☐ ☐

11/2

清潔水槽是通往
婚姻的捷徑

11月2日是日本的「廚衛日」。守護廚房的是掌管女性幸福與健康的水神彌都波能賣神[1]和火神三寶荒神[2]。因此，將水槽清潔得亮晶晶可以提升結婚運和生子運。

1 彌都波能賣神，是日本神話裡的水神。 2 三寶荒神，是日本佛教特有的護法神之一。

💎 愛情運UP ▌廚房 🕐 打掃時

面試前或
簡報前

11/3

用握拳和張開手
來緩和緊張

有效放鬆身心的訣竅是「讓自己緊張後再放鬆」。

先將拇指包覆在掌心，握緊拳頭，再張開雙手保持片刻。這樣一來，全身的緊張感就會緩解，變得輕鬆許多。

♥ 放鬆效果　▌任何地方　🕐 任何時間

沾沾
野豬的光

• To Do List •
你今天完成了嗎？

☑ ☐ ☐ ☐ ☐ ☐ ☐

在亥日拿出暖桌

11/4

11月會舉辦「亥日慶祝活動」。野豬是擁有眾多孩子的象徵，以祈求子孫繁榮。亥在陰陽五行中對應到的是「水」。部分地區的人們會刻意選在這一天拿出暖桌，祈求不發生火災。

 開運 🚩 客廳 🕐 改變房間擺設

青蘋果比
紅蘋果更佳

• To Do List •
你今天完成了嗎？

☑ ☐ ☐ ☐ ☐ ☐

11/5

在蘋果刻上名字縮寫

11月5日是日本的「好蘋果日」。用刀在青蘋果的表面刻上你和他的名字縮寫字母。將這顆蘋果帶皮一起吃掉的話，或許會形成一種使暗戀成真的強烈念頭。

 愛情運UP ▌廚房 🕐點心時間

含酒精的
成人飲料

讓愛情成真的特製蘋果汁

11/6

一邊想著對方，一邊將蘋果汁、紅酒、草莓醬依序加進杯中。攪拌好以後，說出自己的名字，喝一口；說出對方的名字，喝一口。重複相同動作直到整杯喝完，你的心意就能傳達給對方。

◆ 愛情運UP　▌餐桌　🕐 晚餐

古代墨西哥
的小魔法

• To Do List •
你今天完成了嗎？
☑ ☐ ☐ ☐ ☐ ☐

喝棉花糖可可

11/7

11月7日是日本的「可可日」。情緒低落時，喝棉花糖可可會讓你充滿活力。可可被視為神的食物，能使人恢復活力，一直被墨西哥古代的皇室貴族珍視著。

💎 開運　🚩 客廳　💡 點心時間

無論菜刀
或剪刀
都要保護套

刀具要裝上保護套

11/8

11月8日是日本的「刀具日」。刀具擁有切斷物體的力量，如果放在看得見的地方，可能會切斷重要的人際關係。建議裝上保護套，防止刀刃露出。

♦ 交際運UP　🚩 自家任何地方　🕐 收拾後

打開窗戶才能
就會綻放

11/9 打開平時緊閉的窗戶

11月9日是日本的「通風日」。窗戶不僅能通風，也是喚醒你未知力量的命運之門，更是一扇讓你的潛力綻放的門。因此，所有窗戶每週至少要打開一次。

∥ OPEN ∥

 開運　🏳 自家任何地方　🕐 早上起床後

• To Do List •
你今天完成了嗎？

☑ ☐ ☐ ☐ ☐ ☐

11/10 自願打掃廁所

11月10日是日本的「廁所日」。主動打掃廁所，會使自己的運勢提升。除了人際運和財運變好，愛情運也會上升！打掃職場的廁所，則會讓你的人際關係更加圓滑順遂。

❤ 開運　🚩 職場　🕐 任何時間

明天會有
好事發生

11/11

把襪子掛在窗外

11月11日是日本的「襪子日」。將隔天要穿的襪子掛在窗外，就會有好事發生，掛上乾淨的襪子效果更佳。由於髒掉的襪子會有反效果，千萬不要在下雨天這麼做喔。

💎 開運　🚩 陽台　🕐 出門前一天

衣服也要
好好休息

整理衣櫃

11/12

11月12日是日本的「西服紀念日」。經歷過各種回憶的衣服，彷彿是另一個自己。如同自己需要充足的休息，衣服也要妥善整理到存放的地方，讓它們好好休息。

♦ 開運　🛏 臥室　⏰ 打掃時

給戀愛總是
不長久的人

整理洗髮精類的物品

11/13

11月13日是日本的「洗髮精紀念日」。保持浴室裡的洗髮精和沐浴乳整潔為開運關鍵。無法整理美容用品的人，愛情運永遠不會變好。

💎 愛情運UP　🚩 浴室　🕙 打掃時

和喜歡的人
增進感情的
小魔法

11/14

在手腕寫上他的名字並遮起來

於非慣用手的手腕寫上心儀對象的名字，再用OK繃貼起來。如果OK繃持續三天都沒有剝落，就有機會在一週內和喜歡的人變得更親近。

 愛情運UP ▶ 任何地方 🕐 任何時間

日本奈良流傳
的愛情魔法

失戀了就把昆布放水流

11/15

11月15日是日本的「昆布日」。提供奈良縣流傳下來的小魔法，可以和已分手的戀人重歸於好。

將海帶切成適當長度之後，在中間寫上戀人的名字和年齡。先在水裡浸泡一週後，最後放入河裡隨河水漂流。

💎 愛情運UP　🚩 河　🕐 失戀時

看見不喜歡
的東西後⋯

用鹽搓手再用水沖洗

11/16

看見不喜歡的東西或被反感的話語刺傷時，回家後，將鹽放在左手手掌上，然後雙手搓揉，直到連指甲尖端都搓揉過再用水沖洗掉，就完成驅除厄運的步驟了。

 驅除厄運　盥洗室　回家時

初次聯繫
在這個
時間點為佳

在「0點17分」寄電子郵件或打電話

11/17

以風水來看，17是讓人際運上升的數字。若聯繫對象是你想維持緣分的人，比如新客戶或心儀的異性，選在「0點17分」聯繫，就能縮短自己和對方之間的距離。

♦ 事業運UP　🚩 職場　🕒 任何時間

想夢見
後續時

閉上眼睛想著門

11/18

「當你在夢中醒來，卻想夢見後續的話；首先，閉上眼睛想像一扇門，接著祈禱：「夢境妖精，請為我打開曾經夢見的夢境之門。」

💎 開運　🚩 臥室　💡 半夜醒來時

享受香氣

聞一聞肉桂棒

11/19

據說聞肉桂棒的氣味，可以提升財運和事業運。另外，點燃肉桂棒享受它的香氣也不錯。

◆ 開運 ▮ 客廳 ◷ 任何時間

告別頑強
的便祕

• To Do List •
你今天完成了嗎？

☑ ☐ ☐ ☐ ☐ ☐

11/20

坐在馬桶上念 阿布拉卡達布拉

進到廁所後，先讓心情沉澱下來，念三次「阿布拉卡達布拉[3]」，接著心裡祈求便便順著腸道「往下移、往下移」，再默念一次「阿布拉卡達布拉」。

---

3 阿布拉卡達布拉，是一個著名的咒文，作為「魔語」在進行魔術表演時使用。歷史上曾認為，此咒文刻在護身符時有治癒的能力。

阿布拉卡達布拉

アブラ カタブラ

 健康運UP 廁所 🕐 便祕時

提升時運

• To Do List •
你今天完成了嗎？
☑ ☐ ☐ ☐ ☐ ☐

品嚐薄酒萊新酒

11/21

每年11月的第三個星期四，是薄酒萊 [4] 新酒解禁日。喝季節性的酒，是一種增強機緣「時運」的開運方法。建議也要講究紅酒杯。

4 薄酒萊葡萄酒是生產於法國薄酒萊地區，具新鮮果香氣息。

 開運 🚩 餐廳 🕐 晚餐

保護自己遠離
不喜歡的東西
的小魔法

• To Do List •
你今天完成了嗎？

✓ ☐ ☐ ☐ ☐ ☐

11/22

將貝殼製鈕扣縫在衣服上

11月22日是日本的「鈕扣日」。把貝殼製的鈕扣縫在經常穿的衣服上吧。堅硬的貝殼也可以縫在衣服的內側，能保護自己免受不喜歡的事物傷害。

◆ 驅除厄運　■ 客廳　🕐 休假時

圖案和香氣
上的小巧思

11/23

希望得到回信時
用有鳥類圖案的信紙

11月23日是日本的「書信日」。準備一套有鳥類圖案的信紙信封組和郵票，先用綠色的筆寫完內容後，於信的四個角點上幾滴柑橘古龍水，再投進郵筒。

💎 開運　🚩 任何地方　🕐 任何時間

邊散步
邊解決煩惱

苦惱的時候把2片楓葉放進河裡

11/24

到了楓葉的季節。撿起2片楓葉，在葉面上用鉛筆畫出○，指尖沿著圓圈輕撫。接著靜靜地把2片楓葉放進河流裡，看楓葉緩緩漂走，可以釐清自己的思緒。

◆ 轉換心情效果 🏴 河 🕐 散步時

撿起落葉時

11/25

將銀杏葉放到心儀對象的口袋

銀杏葉具有使愛情成真的魔力。撿起墓地裡的銀杏葉，寫上自己喜歡的人的名字，再放進對方的口袋就可以。

💎 愛情運UP　🚩 墓地　🕐 任何時間

彩券中獎者
的習慣

前往彩券行的路上沿路撿垃圾

11/26

迎來年末大寶籤的時期。提供高額中獎人會做的四個習慣：即「買彩券的前一天禁酒禁肉」、「在早上購買」、「用吉利的錢購買」、「去彩券行的路上沿路撿垃圾」。

◆ 財運UP　🚩 彩券行　🕐 任何時間

在彩券行
要做的事

• To Do List •
你今天完成了嗎？

☑ ☐ ☐ ☐ ☐ ☐

11/27

用中指搓揉食指

左手拿著護身符，右手交叉食指和中指。據說買彩券時用中指搓揉食指，中獎的機率就會提升！

💎 財運UP 🚩 彩券行 🕐 任何時間

把煩惱
通通燒掉

用衛生紙與鹽做的淨化儀式

11/28

首先，用筆在衛生紙寫下你想消除的煩惱。接著在上面放一小撮鹽，把衛生紙折一折，點火燒掉。

◈ 驅除厄運　🚩 庭院　🕐 任何時間

讓創意湧現
的清醒方法

11/29

天氣變冷後 枕頭朝東

天氣一冷總是爬不起來。嘗試將枕頭朝東睡覺。透過窗戶沐浴每天的第一縷陽光，醒來會特別神清氣爽。如同太陽照亮昏暗的大地，創意也會變得更容易湧現。

💎 事業運UP　 臥室　🕐 睡前

穿上玻璃鞋
的人是我

閱讀繪本使戀情順順利利

11/30

11月30日是日本的「繪本日」。閱讀繪本《灰姑娘》時，將灰姑娘的部分替換成自己的名字，就能擁有幸福美滿的戀情。

 愛情運UP　 客廳　 任何時間

December

12

選擇圓滿結局
的電影

• To Do List •
你今天完成了嗎？
✓ □ □ □ □ □

看催淚電影排出眼淚

12/1

12月1日是日本的「電影日」。陷入困境或心情沉悶的時候，讓自己沉浸在催淚電影或小說中，有助於心靈排毒。但是，不能流下悲傷的眼淚，一定要選擇結局圓滿的作品。

♦ 轉換心情效果　🏳 電影院　🕐 下班後

當你墜入愛河
就要每天實踐

噴有香水的手帕放入包包

12/2

如果你喜歡上一個人，每天都要在包包裡放一條洗過、熨燙過的乾淨手帕。建議顏色為白色，再噴上些許味道不會太甜膩的香水。

 愛情運UP 臥室 🕐 上班前

如同
蛻皮生物

甲殼類是提升魅力的食材

12/3

螃蟹和蝦等甲殼類動物經過蛻皮，會成長得比以前更進化。因此，透過吃甲殼類食物，打破自己的外殼，展現出美妙的內在魅力，或許會有更多男人愛上你。

 魅力UP ▪ 餐桌 🕐 晚餐

平息憤怒
的小魔法

種植鬱金香

12/4

在鬱金香的球莖上，寫下讓你生氣的對象的名字，用心栽培到開花時，你應該就可以原諒對方了。據說在球莖上寫兩個人的名字，是讓愛情開花結果的小魔法。

◆ 交際運UP ▮ 陽台 ◷ 任何時間

富含鐵的
蔬菜是成功
的關鍵

調整冬季運勢 的熱沙拉

12/5

mogu mogu

提供一份讓你在寒冷的冬天裡調節運勢的食譜——豐盛的熱沙拉。將西洋菜或菠菜等鐵質豐富的蔬菜、配上烤肉，以及用蜂蜜調味過後再享用。

♦ 開運　■ 餐桌　🕐 晚餐

消除一整年
疲勞的
祈願魔法

按百會穴來消除疲勞

12/6

這個時候應該已經累積了一整年的疲憊。百會是頭頂上的重要穴位，也是體內能量匯集的地方。按這個穴位能治癒各種症狀，對壓力特別有效。

♦ 轉換心情效果　🚩 任何地方　🕐 任何時間

• To Do List •
你今天完成了嗎？

☑ ☐ ☐ ☐ ☐ ☐ ☐

12/7

比起咖啡，
比起散步，
看書更好

relax

根據英國一個研究小組的實驗結果顯示，看書、音樂、咖啡、遊戲和散步五項活動中，看書對緩解壓力最有效，重點在於沉浸式閱讀。

 轉換心情效果 任何地方 🕐 任何時間

過年前
祈求無病無災

12/8

喝很多配料的味噌湯

從前農家為了迎接新年，會在12月8日結束工作，又被稱為「收工日」。當天會喝加有白蘿蔔、紅蘿蔔、小芋頭、紅豆、牛蒡和蒟蒻等六種食材的味噌湯，以祈求無病無災。

💎 健康運UP　🚩 餐桌　🕐 晚餐

拉高視線和
態度的方法

12/9

將文件放在視線高度之上

絕對要成功的專案資料或完成的原稿等重要文件，務必放在比視線更高的地方。因為能讓你對工作產生誠摯的心，進而走向成功。

♦ 事業運UP ▌職場 ⏰ 收拾後

一夜好眠
的小魔法

用鹽搓揉腳

12/10

洗澡時，用鹽輕輕搓揉腳底。記得仔細揉搓腳趾與腳趾之間，再均勻地搓揉至整隻腳，最後用水沖洗乾淨，腳會變得十分輕盈光滑。

💎 轉換心情效果　🚩 浴室　🕐 洗澡時

想夢見戀人
的時候

• To Do List •
你今天完成了嗎？
☑ ☐ ☐ ☐ ☐ ☐

把睡衣反過來穿

12/11

想要和人有親密接觸。很想夢見戀人時，不妨將睡衣反過來穿。若想獲得更好的效果，將浴衣反過來穿。這個小魔法源自《萬葉集[1]》中的一種古法。

---

1 《萬葉集》是日本現存最古老的和歌選集。

💎 愛情運UP　🚩 臥室　🕐 睡前

在外出地點
遇見喜歡的人

使用馬克杯喝加糖牛奶

12/12

準備兩個相同圖案的馬克杯，一杯裝半杯牛奶，一杯裝砂糖。用微波爐加熱牛奶後，雙手包覆著杯子，念八次對方的名字；接著把牛奶倒入裝有糖的杯子，再念八次名字，最後喝光。

♦ 愛情運UP ▌廚房 ⏰ 任何時間

邁向新戀情
的儀式

失戀了就丟掉床單

12/13

12月13日是日本的「大掃除日」。因為失戀而沮喪的你，處理帶有前任回憶的床是對下一任對象的禮貌。若想追求新的戀情，一口氣把棉被、枕頭和床單全部丟掉吧。

 愛情運UP 臥室 🕐 打掃時

融化悲傷
的小魔法

情緒低落時 舔一舔 水果糖

12/14

難過的時候，一邊舔水果糖一邊念出：「讓悲傷一起融化」心情就會變得比較輕鬆。但不要因為水果糖太好吃就咬碎了。

 轉換心情效果　 任何地方　🕐 任何時間

兔子可以
提升事業運

用4隻腳的動物來裝飾

12/15

最近應該是辦公室大掃除的時期。想要裝飾桌面請選擇4隻腳的動物擺設。其中，兔子屬於會跳的動物，象徵事業飛躍；兔子也屬群居動物，象徵能與他人締結緣分；再加上兔子多胎多產，也代表著繁榮昌盛。

 事業運UP ▶ 職場 ⏰ 打掃時

也許他會天天
打電話來

• To Do List •
你今天完成了嗎？
☑ ☐ ☐ ☐ ☐ ☐

12/16

輕敲待機畫面 3 次，喊他的名字

12月16日是日本的「電話日」，有一個能讓喜歡的人來電的小魔法。只要打開手機的待機畫面，比 V 字手勢輕敲畫面 3 次。

♡ 愛情運UP ⚑ 任何地方 🕐 任何時間

通知告白
好日子的雲

To Do List
你今天完成了嗎？

☑ ☐ ☐ ☐ ☐ ☐

飛機雲是告白的信號

12/
17

12月17日是日本的「飛機日」。突然抬頭仰望天空，看見飛機雲的話，就暗示你該告白了。當然，也意味著會很順利。

💎 愛情運UP　🚩 室外任何地方　🕐 任何時間

讓理想愛情
成真的小魔法

喝特製草莓牛奶

12/18

一邊將冷凍草莓一顆一顆放入熱牛奶中攪拌，一邊具體思考自己對於理想戀愛的模樣，接著喝牛奶，最後吃掉草莓。

💎 愛情運UP　🚩 客廳　🕐 點心時間

使你在 KTV
大展歌喉

唱歌前把鞋子脫了再穿上

12/19

尾牙旺季派得上用場的小魔法。在KTV，麥克風輪到你手上時，於桌子底下脫掉腳上穿的鞋子，再重新穿上。此動作很神奇地能激發出膽量，音準也會穩定很多，還能唱出比平時更悅耳的聲音！

💎 開運　🚩 KTV　🕯 尾牙

連繫單相思
的紅色毛線

用紅色毛線繫蝴蝶結

12/20

在白紙用藍筆寫下暗戀對象的全名，再折成四折，

接著用紅色毛線打出蝴蝶結，將紙固定於枕頭上。

此為強大魔法，最後只要將枕頭翻過來睡，單戀就

會開花結果。

 愛情運UP　▌臥室　🕙 睡前

用新手帳
斷舊緣

12/21

在日記中寫下你想一刀兩斷的孽緣

要來更換新手帳了。翻到新日記本的中間頁數，寫下你想一刀兩斷的孽緣和自己的缺點。利用百合花瓣覆蓋內容，再用圖釘固定，放回書架上。

♦ 驅除厄運　🚩 客廳　🕐 任何時間

日本是
吃南瓜

12/22

冬至喝紅豆湯

日本有冬至吃南瓜的風俗，在中國則是吃紅豆，據說都有辟邪的效果。另外，紅豆湯還能有效消腫和排毒。

 驅除厄運 ▮ 餐桌 🕐 點心時間

男性必學的
小魔法

12/23

約會前的鬱金香

讓約會成功的小魔法。先傳一則有三個鬱金香表情符號的訊息給自己，接下來，用紅筆在左右無名指上分別畫出鬱金香，並將兩個鬱金香貼在一起。

♦ 愛情運UP　🚩 任何地方　🕐 約會前一天

使平安夜的
夢成真

平安夜要用新梳子

12/24

在平安夜買一把新梳子吧。晚上使用新梳子梳理頭髮，並放到枕頭底下。早上醒來時，不要忘記你做過的夢，因為這個夢很快就會實現。

祈願成功　臥室　🕐 睡前

聖誕節看到
的幸福未來

與喜歡的人一起聽鐘聲

12/25

據說在聖誕節當天和喜歡的人一起去教堂，聽見鐘聲響起的話，你會於不久的將來和他結婚。打電話時聽到也可以。這是受到天使祝福並延續到幸福未來的愛情傳說。

 愛情運UP　🚩 教堂　 聖誕節

如果猶豫就選
大螢幕的

換新手機開運

12/26

新手機會帶來好的氣場，尤其對健康運勢有很好的效果。螢幕越大，好運就越多。

♦ 開運　🚩 手機店　🕐 任何時間

脱掉襪子
磨擦雙腳

• To Do List •
你今天完成了嗎？
☑ ☐ ☐ ☐ ☐ ☐ ☐

酒局前防止宿醉的對策

12/27

坐在椅子上，挺直腰桿，接著脫掉鞋子和襪子，雙腿用力，前後磨擦雙腳大約三分鐘。經過一會兒，你會感覺好多了。

💎 健康運UP ▪ 居酒屋 🕐 尾牙

大掃除
的空檔

在玻璃窗上寫下心願

12/28

家裡該大掃除了，還能順便許下一個祈願。先朝窗戶玻璃吹一口氣，趁霧氣還在時寫下自己的心願。

接著把窗戶擦乾淨，願望就會實現。若擦得不乾淨，運勢就會下滑，所以要小心。

♥ 祈願成功　🏳 自家任何地方　🕐 打掃時

明年會是
很棒的一年

12/29

打造完美一年的手帳術

在還沒打開明年的手帳之前，先念著：「幸福啊，聚集吧！願明年充滿光明。」再從一月份開始，翻開每個月的頁面，用麥克筆畫出每日方格的底線。

for next year

SCHEDULE PLANNER

💎 開運　🚩 任何地方　🕐 買手帳後

彩券中獎率
UP！

擺放出生地的泥土或石頭

12/30

迎來年末大寶籤開獎的前一天。自己土生土長的土地上的泥土、石頭和水，都是你的能量物品。想提升運勢時，就把泥土或石頭放在房間裡吧。

♦ 財運UP　🚩 老家週遭　💡 返鄉中

樂觀開朗地
迎接新年
的方法

▪ To Do List ▪
你今天完成了嗎？

☑ ☐ ☐ ☐ ☐ ☐

在除夕夜寫下你的不幸

12/31

在一張白紙上，用黑筆寫下今年發生的所有不幸。

接著用白色蠟燭燒掉紙張，當它們全部化為灰燼，

不幸就會在今年年底停止。願明年也是好年！

💎 驅除厄運　🚩 自家任何地方　🕯 除夕夜

1月 January

1月1日 独女通信 http://dokujo.jp/archives/51919841.html (無効網址)

1月2日 個人ブログ https://konpeki.soralife.net/2010/01/01/maria-majinai/

1月3日 『ラッキーを呼び込む オマジナイ事典』 (ディスカヴァー・トゥエンティワン)

1月4日 恋の魔法とおまじない http://hukumusume.com/omajinai/new/2014/01/02.html

1月5日 『信じてみたい 幸せを招く世界のしるし』 (創元社)

1月6日 Harper's BAZAAR http://harpersbazaar.jp/news/galettedesrois-171226-hns

1月7日 ウーマンエキサイト https://woman.excite.co.jp/article/lifestyle/rid_
　　　　Angie_208891/

1月8日 『大人女子のおまじない百科』 (主婦の友社)

1月9日 『強運ダイアリー2018』 (主婦の友社)

1月10日 mery https://mery.jp/1005486 (無効網址)

1月11日 cyuncore https://cyuncore.com/fortune/omajinai/19170

1月12日 『ラッキーを呼び込む オマジナイ事典』 (ディスカヴァー・トゥエンティワン)

1月13日 恋の魔法とおまじない http://hukumusume.com/omajinai/new/2015/03/15.html

1月14日 占いのウラッテ https://uratte.jp/posts/negai-kanau-omajinai

1月15日 『神さまがやどる 暮らしのしきたり 開運BOOK』 (主婦と生活社)

1月16日 ウズラボイス http://quail-voice.com/2017/03/16/haircut-better-fortune/

1月17日 おにぎり倶楽部 http://www.o29riclub.com/knowledge/name.html (無効網址)

1月18日 『イヤな気持ちがスーッと消えていく ココロにいいこと事典』 (青春出版社)

1月19日 Spicomi https://spicomi.net/media/articles/503

1月20日 開運チャンネル http://kaiun-ch.com/9017#i

1月21日 FYTTE https://fytte.jp/lifestyle/22492/

1月22日 『愛と幸せのおまじない』 (有紀書房)

1月23日 アジア格安 ひとり旅ナビ助 https://japan-info.asia/world/diary/5942/

1月24日 『願いが叶う秘密のおまじない<日常生活編>』 (得トク文庫)

1月25日 『強運ダイアリー2018』 (主婦の友社)

1月26日 『大人女子のおまじない百科』 (主婦の友社)

1月27日 FYTTE https://fytte.jp/lifestyle/14929/

1月28日 『大人女子のおまじない百科』 (主婦の友社)

1月29日 『MAG MOOK ハッピー風水』 (マガジンハウス)

1月30日 恋の魔法とおまじない http://hukumusume.com/omajinai/new/2012/10/08.html

1月31日 『毎日1分! 朝のおまじない』 (サンマーク出版)

2月 February

3月 March

3月1日　恋の魔法とおまじない　http://hukumusume.com/omajinai/new/2016/05/19.html

3月2日　恋の魔法とおまじない　http://hukumusume.com/omajinai/new/2016/01/03.html

3月3日　VOGUE　https://www.vogue.co.jp/horoscope/special/2016-11-19/page/6

3月4日　VOGUE　https://www.vogue.co.jp/fashion/trends/2017-03-31/bs2017ss/page/4

3月5日　魔女が教える願いが叶うおまじない　http://omajinai-navi.jp/depression/

3月6日　フラワーアレンジメント.com　https://www.canadianrentalhousing.com/hanafuusui/post-5461/

3月7日　『幸せになれるおまじないBOOK―自分でできる「願かけ」「おはらい」「運まねき」』（成美文庫）

3月8日　教えて! 当たる電話占い!　https://電話占い当たる口コミ.com/uranai171.html (無効網址)

3月9日　『イヤな気持ちがスーッと消えていく ココロにいいこと事典』（青春出版社）

3月10日　『スピリチュアルおまじないブック』（サリサリブックス）

3月11日　地球の歩き方　https://tokuhain.arukikata.co.jp/napoli/2013/02/post_37.html

3月12日　『幸せになれるおまじないBOOK―自分でできる「願かけ」「おはらい」「運まねき」』（成美文庫）

3月13日　フォルトゥーナ　http://fortuna-fortune.com/love/464

3月14日　NAVERまとめ　https://matome.naver.jp/odai/2139211713123915001 (無効網址)

3月15日　大人の無料占い 恋愛と人間関係　https://uranailady.com/ninsou/make.html

3月16日　am•am web　https://ananweb.jp/anan/146672/

3月17日　恋の魔法とおまじない　http://hukumusume.com/omajinai/new/2014/10/12.html

3月18日　『イヤな気持ちがスーッと消えていく ココロにいいこと事典』（青春出版社）

3月19日　個人ブログ　https://ameblo.jp/avenir55/entry-12344544685.html

3月20日　『大人女子のおまじない百科』（主婦の友社）

3月21日　恋愛のおまじない　https://omajinai3-24.net/post-3386/

3月22日　ミドルエッジ　https://middle-edge.jp/articles/I0003022

3月23日　FYTTE　https://fytte.jp/lifestyle/19583/

3月24日　フランシウム87　http://francium87.hatenablog.com/entry/a%2Ctes%2Csouhaits

3月25日　恋愛のおまじない　https://omajinai3-24.net/post-1904/

3月26日　恋愛のおまじない　https://omajinai3-24.net/post-1904/

3月27日　『元銀座ホステスが教える 強運!美女になる方法』（文芸春秋）

3月28日　個人ブログ　https://ameblo.jp/pandamic-official/entry-12380047196.html (無効網址)

3月29日　VOGUE　https://www.vogue.co.jp/fashion/trends/2017-03-31/bs2017ss/page/8

3月30日　VOGUE　https://www.vogue.co.jp/horoscope/special/2016-11-12/page/6

3月31日　『李家幽竹の開運風水2012（別冊家庭画報）』（世界文化社）

4月 April

5月 May

5月1日 TABIZINE〜人生に旅心を〜　https://tabizine.jp/2017/02/23/127489/2/

5月2日 『李家幽竹の開運風水2012（別冊家庭画報）』（世界文化社）

5月3日 『イヤな気持ちがスーッと消えていく ココロにいいこと事典』（青春出版社）

5月4日 恋の魔法とおまじない　http://hukumusume.com/omajinai/new/2013/06/06.html

5月5日 おもしろ雑学の知恵袋　http://chiebukuro.atarashisouta.com/archives/2902.html (無効網址)

5月6日 『大人女子のおまじない百科』（主婦の友社）

5月7日 『本格的大人のおまじない』（魔女の家BOOKS）

5月8日 『やくよけ風水』（PHP文庫）

5月9日 『李家幽竹の開運風水2012（別冊家庭画報）』（世界文化社）

5月10日 『強運ダイアリー2018』（主婦の友社）

5月11日 アマテラスチャンネル49　https://climbing-shoes.info/hitori/archives/5296 (無効網址)

5月12日 cyuncore　https://cyuncore.com/fortune/9837

5月13日 『イヤな気持ちがスーッと消えていく ココロにいいこと事典』（青春出版社）

5月14日 『イヤな気持ちがスーッと消えていく ココロにいいこと事典』（青春出版社）

5月15日 必ず願いが叶う! おまじない百科　https://starrily.co.jp/diet/(無効網址)

5月16日 『自然のパワーと世界の知恵でツキを呼ぶ 開運おまじないBOOK』（PHP研究所）

5月17日 『大人女子のおまじない百科』（主婦の友社）

5月18日 『大人女子のおまじない百科』（主婦の友社）

5月19日 『元銀座ホステスが教える 強運! 美女になる方法』（文藝春秋）

5月20日 cyuncore　https://cyuncore.com/fortune/omajinai/8711

5月21日 ロート製薬　https://jp.rohto.com/acnes/column/ (無効網址)

5月22日 『愛と幸せのおまじない（なかよし入門百科）』（有紀書房）

5月23日 恋の魔法とおまじない　http://hukumusume.com/omajinai/new/2018/02/18.html

5月24日 『やくよけ風水』（PHP文庫）

5月25日 フォルトゥーナ　http://fortuna-fortune.com/love/37

5月26日 大人の無料占い 恋愛と人間関係　https://uranailady.com/07_pink.html

5月27日 超強力! 両想いのおまじない 恋愛のおまじない　http://ryouomoi.info/osusume5.html (無効網址)

5月28日 『イヤな気持ちがスーッと消えていく ココロにいいこと事典』（青春出版社）

5月29日 恋愛のおまじない　https://omajinai3-24.net/post-3371/(無効網址)

5月30日 『幸せになれるおまじないBOOK—自分でできる「願かけ」「おはらい」「運まねき」』（成美文庫）

5月31日 アジア格安 ひとり旅ナビ助　https://japan-info.asia/world/diary/5942/

6月 June

7月 July

7月1日　個人ブログ　http://blog.livedoor.jp/bodymind/archives/51524065.html

7月2日　日本のイベント行事.com　http://enjoy-year.com/archives/810

7月3日　占いTVニュース　https://uranaitv.jp/content/18072

7月4日　『イヤな気持ちがスーッと消えていく ココロにいいこと事典』（青春出版社）

7月5日　FYTTE　https://fytte.jp/lifestyle/17418/

7月6日　個人ブログ　http://blog.livedoor.jp/konjyou326/archives/50704394.html

7月7日　chef-ri　https://chef-ri.com/news/121/login（無効網址）

7月8日　『やくよけ風水』（PHP文庫）

7月9日　『イヤな気持ちがスーッと消えていく ココロにいいこと事典』（青春出版社）

7月10日　FYTTE　https://fytte.jp/lifestyle/21913/

7月11日　『やくよけ風水』（PHP文庫）

7月12日　『誰でも出来る! 幸運開運のおまじない 』（得トク文庫）

7月13日　『元銀座ホステスが教える 強運!美女になる方法』（文藝春秋）

7月14日　『誰でも出来る! 幸運開運のおまじない 』（得トク文庫）

7月15日　開運チャンネル　http://kaiun-ch.com/11430

7月16日　『自然のパワーと世界の知恵でツキを呼ぶ 開運おまじないBOOK』（PHP研究所）

7月17日　恋のおまじない　https://omajinai3-24.net/post-882/（無効網址）

7月18日　見習い魔女かーさん★　http://takabou89.hatenablog.com/entry/2017/07/13/海の日
　　　　　目前！！海に関するおまじない★ぷちっと

7月19日　Verygood　https://www.verygood.la/?p=101415&page=3

7月20日　四季の美　https://shikinobi.com/doyounoushinohi

7月21日　フォルトゥーナ　http://fortuna-fortune.com/lifestyle/652

7月22日　恋の魔法とおまじない　http://hukumusume.com/omajinai/new/2012/00/
　　　　　natumaturi01.html

7月23日　『島田秀平が3万人の手相を見てわかった!「強運」の鍛え方』（SB新書）

7月24日　占いTVニュース　https://uranaitv.jp/content/18072

7月25日　『島田秀平が3万人の手相を見てわかった!「強運」の鍛え方』（SB新書）

7月26日　LAURIER PRESS　https://laurier.press/i/E1438316752948

7月27日　am•am web　https://ananweb.jp/anan/140332/

7月28日　FYTTE　https://fytte.jp/lifestyle/26225/

7月29日　『大人女子のおまじない百科』（主婦の友社）

7月30日　恋の魔法とおまじない　http://hukumusume.com/omajinai/new/2014/11/06.html

7月31日　『強運ダイアリー2018』（主婦の友社）

8月 August

9月 September

9月1日　cyuncore　https://cyuncore.com/fortune/1938

9月2日　恋占い図書館　http://omajinaimatome.com/kataomoi6.html (無効網址)

9月3日　日本の暮らし　http://nihonnokurashi.com/l0000038 (無効網址)

9月4日　TABI LABO　https://tabi-labo.com/179583/whiltewhalemigaloo

9月5日　FYTTE　https://fytte.jp/lifestyle/13155/

9月6日　役立つ知識を集めたブログ　http://yakunitatsuchisiki.hatenablog.com/entry/karasu

9月7日　リクナビNEXTジャーナル　https://next.rikunabi.com/journal/20170801_p/?article_
　　　　under_outbrain_pc

9月8日　『強運が舞い込むとても小さな50のこと。』（SB文庫）

9月9日　日本の年中行事　https://nihon-nenchugyoji.com/choyo-sekku/

9月10日『ラッキーを呼び込む オマジナイ事典』（ディスカヴァー・トゥエンティワン）

9月11日 恋の魔法とおまじない　http://hukumusume.com/omajinai/new/2015/12/27.html

9月12日 恋の魔法とおまじない　http://hukumusume.com/omajinai/new/2013/10/27.html

9月13日『強運ダイアリー2018』（主婦の友社）

9月14日 恋愛のおまじない　https://omajinai3-24.net/post-4831/ (無効網址)

9月15日 Hapa英会話　https://hapaeikaiwa.com/2013/10/02/「knock-on-wood」とは？/

9月16日『自然のパワーと世界の知恵でツキを呼ぶ 開運おまじないBOOK 』（PHP研究所）

9月17日『ジンクス事典 恋愛・結婚篇』（長崎出版）

9月18日 VOGUE　https://www.vogue.co.jp/fashion/trends/2017-03-31/bs2017ss/page/2

9月19日『強運が舞い込むとても小さな50のこと。』（SB文庫）

9月20日 恋の魔法とおまじない　http://hukumusume.com/omajinai/new/2015/02/22.html

9月21日 恋の魔法とおまじない　http://hukumusume.com/omajinai/new/2012/00/xmas01.
　　　　html

9月22日『MAG MOOK ハッピー風水』（マガジンハウス）

9月23日『お金持ちが大切にしている財布の習慣』（総合法令出版）

9月24日『神さまがやどる暮らしのしきたり開運BOOK』（主婦と生活社）

9月25日 風水インテリアで幸せを呼び込もう　http://fusuiweb.com/category1/entry81.html

9月26日 開運ちゃんねる　http://kaiun-ch.com/11430

9月27日 VOGUE　https://www.vogue.co.jp/fashion/trends/2017-03-31/bs2017ss/page/7

9月28日『やくよけ風水』（PHP文庫）

9月29日 恋の魔法とおまじない　http://hukumusume.com/omajinai/new/2015/07/16.html

9月30日 恋の魔法とおまじない　http://hukumusume.com/omajinai/new/2013/10/10.html

10月 October

11月 November

11月1日　アジア格安 ひとり旅ナビ助　https://japan-info.asia/world/diary/5942/

11月2日　『神さまがやどる暮らしのしきたり開運BOOK』（主婦と生活社）

11月3日　『イヤな気持ちがスーッと消えていく ココロにいいこと事典』（青春出版社）

11月4日　日本の年中行事　https://nihon-nenchugyoji.com/inokoiwai-inokomochi/

11月5日　『大人女子のおまじない百科』（主婦の友社）

11月6日　恋愛のおまじない　https://omajinai3-24.net/post-661/

11月7日　恋の魔法とおまじない　http://hukumusume.com/omajinai/new/2015/02/15.html

11月8日　『幸せになれるおまじないBOOK—自分でできる「願かけ」「おはらい」「運まね
　　　　　き」』（成美文庫）

11月9日　『幸せになれるおまじないBOOK—自分でできる「願かけ」「おはらい」「運まね
　　　　　き」』（成美文庫）

11月10日　『やくよけ風水』（PHP文庫）

11月11日　恋の魔法とおまじない　http://hukumusume.com/omajinai/new/2014/11/30.html

11月12日　『幸せになれるおまじないBOOK—自分でできる「願かけ」「おはらい」「運まね
　　　　　き」』（成美文庫）

11月13日　『やくよけ風水』（PHP文庫）

11月14日　ミドルエッジ　https://middle-edge.jp/articles/I0003022

11月15日　『ジンクス事典 恋愛・結婚篇』（長崎出版）

11月16日　『自然のパワーと世界の知恵でツキを呼ぶ 開運おまじないBOOK』（PHP研究所）

11月17日　『島田秀平が3万人の手相を見てわかった「！強運」の鍛え方』（SB新書）

11月18日　『誰でも出来る! 幸運開運のおまじない』（得トク文庫）

11月19日　『イヤな気持ちがスーッと消えていく ココロにいいこと事典』（青春出版社）

11月20日　『大人女子のおまじない百科』（主婦の友社）

11月21日　『李家幽竹の開運風水2012（別冊家庭画報）』（世界文化社）

11月22日　恋の魔法とおまじない　http://hukumusume.com/omajinai/new/2013/12/12.html

11月23日　『願いが叶う秘密のおまじない＜日常生活編＞』（得トク文庫）

11月24日　『自然のパワーと世界の知恵でツキを呼ぶ 開運おまじないBOOK』（PHP研究所）

11月25日　スピリチュアリー東京　https://spiritually.jp/uranaitokyo/2050-2

11月26日　『島田秀平が3万人の手相を見てわかった! 「強運」の鍛え方』（SB新書）

11月27日　『大人女子のおまじない百科』（主婦の友社）

11月28日　いまトピ　https://ima.goo.ne.jp/column/article/3013.html

11月29日　『島田秀平が3万人の手相を見てわかった! 「強運」の鍛え方』（SB新書）

11月30日　『願いごとをかなえちゃおう! とっておきのおまじない1200』（メイツ出版）

12月 December

讓每天都順遂的小習慣
365祈願魔法書

繪　　者｜布川愛子
譯　　者｜林以庭

責任編輯｜鄭世佳 Josephine Cheng
　　　　　何奕萱 Esther Ho
責任行銷｜袁筱婷 Sirius Yuan
封面裝幀｜讀力設計
版面構成｜讀力設計
校　　對｜許世璇 Kylie Hsu

發 行 人｜林隆奮 Frank Lin
社　　長｜蘇國林 Green Su

總 編 輯｜葉怡慧 Carol Yeh
日文主編｜許世璇 Kylie Hsu
行銷主任｜朱韻淑 Vina Ju
業務處長｜吳宗庭 Tim Wu
業務主任｜蘇倍生 Benson Su
業務專員｜鍾依娟 Irina Chung
業務秘書｜陳曉琪 Angel Chen、莊皓雯 Gia Chuang

發行公司｜悅知文化 精誠資訊股份有限公司
地　　址｜105台北市松山區復興北路99號12樓
專　　線｜(02) 2719-8811
傳　　真｜(02) 2719-7980
悅知網址｜http://www.delightpress.com.tw
客服信箱｜cs@delightpress.com.tw

I S B N｜978-626-7288-83-2
初版一刷｜2023年10月
建議售價｜新台幣460元

國家圖書館出版品預行編目資料

365 祈願魔法書：讓每天都順遂的小習慣 / 布川愛
子繪；林以庭譯 . -- 初版 . -- 臺北市：悅知文化精誠
資訊股份有限公司, 2023.10
456 面；10.5x15 公分
譯自：小さな習慣で 日がうまくいく 365 日の顔ま
かけ
ISBN 978-626-7288-83-2(平裝)
1.CST: 自我實現 2.CST: 靈修
192.1　　　　　　　　　　112015201

原書Staff
編者者｜WRITES PUBLISHING
原書手寫字｜西川有紀
原書裝幀｜坂田佐武郎・桶川真由子
　　　　　（Neki inc.）

建議分類｜藝術設計、心理勵志

悅知文化
Delight Press

線上讀者問卷 TAKE OUR ONLINE READER SURVEY

即便昨天過得不順遂，
我們依舊迎接著明日的早晨，
開始全新的一天。

───────── 《365祈願魔法書》

請拿出手機掃描以下QRcode或輸入
以下網址，即可連結讀者問卷。
關於這本書的任何閱讀心得或建議，
歡迎與我們分享 :-)

https://bit.ly/3ioQ55B